Peter Rininsland

Modellierung von Geschäftsprozessen im Internet am Bei
wirtschaft

Peter Rininsland

Modellierung von Geschäftsprozessen im Internet am Beispiel der Versicherungswirtschaft

diplom.de

Bibliografische Information der Deutschen Nationalbibliothek:

Bibliografische Information der Deutschen Nationalbibliothek: Die Deutsche
Bibliothek verzeichnet diese Publikation in der Deutschen Nationalbibliografie;
detaillierte bibliografische Daten sind im Internet über http://dnb.d-nb.de/ abrufbar.

Copyright © 1997 Diplomica Verlag GmbH
Druck und Bindung: Books on Demand GmbH, Norderstedt Germany
ISBN: 978-3-8386-4004-4

http://www.diplom.de/e-book/219639/modellierung-von-geschaeftsprozessen-im-
internet-am-beispiel-der-versicherungswirtschaft

Peter Rininsland

Modellierung von Geschäftsprozessen im Internet am Beispiel der Versicherungswirtschaft

Diplomarbeit
an der Universität Fridericiana Karlsruhe (TH)
Institut für Bankinformatik, Lehrstuhl für Prof. Dr. rer. nat. S. Abeck
November 1997 Abgabe

Diplom.de

Diplomica GmbH
Hermannstal 119k
22119 Hamburg

Fon: 040 / 655 99 20
Fax: 040 / 655 99 222

agentur@diplom.de
www.diplom.de

ID 4004

ID 4004
Rininsland, Peter: Modellierung von Geschäftsprozessen im Internet am Beispiel der Versicherungswirtschaft
Hamburg: Diplomica GmbH, 2001
Zugl.: Karlsruhe, Technische Universität, Diplomarbeit, 1997

Diplomica GmbH
http://www.diplom.de, Hamburg 2001
Printed in Germany

Vorwort

Diese Arbeit ist in einer Kooperation zwischen der **Allianz Lebensversicherung AG** in Stuttgart und der **Forschungsgruppe Cooperation & Management** (C&M) an der Universität Karlsruhe entstanden.

Das Thema wurde von der Allianz Lebensversicherung AG gestellt. Die Allianz Lebensversicherung AG beschäftigt sich schon seit langem intensiv mit der Modellierung von Geschäftsprozessen. Sie ist auch schon seit einiger Zeit mit einem umfangreichen Angebot im Internet vertreten. Ziel dieser Arbeit war die Integration von Geschäftsprozeßmodellierung und Internetauftritt — eben die Modellierung von Geschäftsprozessen im Internet am Beispiel der Versicherungswirtschaft.

Cooperation & Management (C&M) ist der Name einer sich am Institut für Telematik der Universität Karlsruhe im Aufbau befindlichen Forschungsgruppe, die von Prof. Dr. Sebastian Abeck geleitet wird. Das von der Gruppe untersuchte Forschungsgebiet ist der Betrieb und das Management von komplexen IT-Umgebungen (IT steht für Information Technology). Von Beginn an konnte durch zahlreiche Kontakte zu großen Firmen eine ideale Symbiose von Praxis und Theorie realisiert werden, die schon viele Früchte getragen hat — ein Beispiel ist diese Arbeit.

Die Arbeit wurde sowohl von seiten der Forschungsgruppe C&M wie auch der Allianz Lebensversicherung AG intensiv betreut. Für die gewährte Unterstützung möchte ich mich an dieser Stelle herzlich bedanken.

Lebhafte Diskussionen im Rahmen des Arbeitskreises Change Management der Forschungsgruppe C&M gaben wertvolle Denkanstöße im Bereich der Geschäftsprozeßmodellierung.

In vielen intensiven Gesprächen mit Mitarbeitern der Allianz Lebensversicherung AG konnte ich wertvolle Einblicke in die Praxis der Bearbeitung von Neugeschäft und in die derzeitige Umsetzung der Geschäftsprozeßmodellierung im Hause der Allianz Lebensversicherung AG gewinnen. In Übereinstimmung mit den Wünschen der Allianz Lebensversicherung AG wurde in dieser Arbeit jedoch nicht *Die Allianz Lebensversicherung AG im Internet* modelliert, sondern ein allgemeines Modellierungs-Framework erarbeitet, in dem sich zwar auch die Allianz

Lebensversicherung AG wiederfinden kann, daß aber auch Lösungen präsentiert, die derzeit bei der Allianz Lebensversicherung AG nicht realisiert sind.

Ganz besonders möchte ich mich bei den folgenden Personen bedanken, die maßgeblich zum Gelingen dieser Arbeit beigetragen haben: **Prof. Dr. Sebastian Abeck** war sofort bereit, eine Arbeit aus dem Versicherungsbereich zu betreuen. Die inhaltliche Auseinandersetzung mit einer fremden Branche ist mit viel Arbeit verbunden, die zu erbringen durchaus keine Selbstverständlichkeit ist. **Christian Mayerl** war mir jederzeit ein kompetenter Ansprechpartner in allen Fragen der Modellierung, der mir auch wertvolle Hinweise zu Struktur und Inhalt der Arbeit gab. **Jürgen Pösse** half mir insbesondere zu Beginn der Arbeit, den Einstieg zu finden und war maßgeblich an der ursprünglichen Struktur der Arbeit beteiligt. **Alfred Wettach** machte mit hohem Engagement und guten Beziehungen die Kontakte zu vielen Mitarbeitern der Allianz Lebensversicherung AG möglich. **Thomas Rappold** war mir ein unermüdlicher Ratgeber, Kritiker und Diskussionspartner, der sich der Thematik mit ansteckender Begeisterung gewidmet hat. **Dr. Hermann Rininsland** danke ich für die Bereitschaft, die Arbeit sorgfältig Korrektur zu lesen. Mit viel Motivation, Verständnis und der Bereitschaft zum Verzicht auf gemeinsame Stunden stand mir meine Frau **Anja** zur Seite.

Allianz Lebensversicherung AG Reinsburgstr. 19 D-70178 Stuttgart Im Internet unter http://www.allianz-leben.de/	Universität Karlsruhe (TH) Fakultät für Informatik Institut für Telematik Forschungsgruppe Cooperation & Management Neuer Zirkel 2 D-76128 Karlsruhe
Jürgen Pösse (Projektmanager Rechenzentrum) **Alfred Wettach** (Leiter Projektgruppe Internet) **Thomas Rappold** (Projektgruppe Internet)	**Prof. Dr. Sebastian Abeck** (Leiter Forschungsgruppe C&M) **Christian Mayerl** (Forschungsgruppe C&M)

iv

E/010/98

Inhaltsverzeichnis

v

Inhaltsverzeichnis

Abbildungsverzeichnis

Tabellenverzeichnis

Tabellenverzeichnis

1. Einführung und Ergebnis

1.1. Motivation

Die Öffnung des deutschen Versicherungsmarktes für Versicherungsgesellschaften aus dem EU-Ausland in Verbindung mit der Deregulierung der Versicherungsaufsicht[1] brachte für die Versicherungsbranche Veränderungen in nicht gekanntem Ausmaß mit sich. Ausländische Gesellschaften, die schon seit Jahren in hartem Konkurrenzkampf stehen, drängen auf den deutschen Markt. Die Deregulierung ermöglicht allen Versicherern ein schnelles Reagieren auf Marktveränderungen. Die Produktzyklen werden erheblich kürzer, der Innovationsdruck wächst.

Wie gehen die Versicherer mit dieser Konkurrenzsituation und der neugewonnenen Freiheit um? Wer langfristig am Markt überleben will, muß seine Geschäftsprozesse unter Ausnutzung aller technischen Möglichkeiten so schlank und flexibel gestalten, daß zu gleicher Zeit der Service für den Kunden verbessert, die Kosten reduziert und die Reaktionszeit auf veränderte Marktbedingungen verkürzt wird.

1.2. Aufgabenstellung

Aufgabe dieser Arbeit ist es daher, die Chancen zu untersuchen, die in der Modellierung zielgruppenspezifischer Geschäftsprozesse mit Hilfe des Internets liegen.

Beispielhaft soll ein Geschäftsprozeß gewählt werden. Dieser soll mittels Business Process Reengineering (BPR)[2] so umgestaltet werden, daß er alle technischen und organisatorischen Möglichkeiten des Internets ausschöpft und dabei die Wünsche der gewählten Zielgruppe möglichst gut befriedigt. Das Ergebnis soll in Form eines Geschäftsprozeßmodells dargestellt werden.

---

[1] Mußten Tarife und Bedingungen bisher vorab im Rahmen einer Genehmigungsaufsicht vom Bundesamt für das Versicherungswesen (BAV) genehmigt werden, so greift es jetzt nur nachträglich im Falle von Mißständen ein. EU-ausländische Versicherer unterliegen sogar nur der Aufsicht in ihrem Heimatland.

[2] im Deutschen auch unter Geschäftsprozeßoptimierung (GPO) bekannt

1.3. Organisation dieser Arbeit

„Da das Gebiet insgesamt noch vergleichsweise jung und vor allem derzeit noch
stark im Fluß ist, kann es nicht verwundern, daß es hierzu noch kein Lehrbuch
im klassischen Sinne gibt"[VB96a, Vorwort]. Während sich obige Aussage auf
Geschäftsprozeßmodellierung und Workflowmanagement bezog, trifft die Aussage in dieser Arbeit gleich auf drei Themenkomplexe zu, die daher jeweils in einem
eigenen Kapitel behandelt werden.

Kapitel 2 widmet sich der Geschäftsprozeßmodellierung. Untersuchungen wie
die in [GSP95] geschilderte zeigen deutlich, daß die Geschäftsprozeßmodellierung
in den meisten Unternehmen noch nicht als ganzheitlicher Ansatz auf dem Weg
zur prozeßgesteuerten Unternehmung verstanden wird, sondern isoliert als Ko-
stensenkungsinstrument zum Einsatz kommt. Diesem Defizit entgegentretend soll
hier zwar im Kern die eigentliche Geschäftsprozeßmodellierung betrachtet werden.
Daneben werden aber auch die weiteren Elemente auf dem Weg vom funktional
geprägten zum prozeßgesteuerten Unternehmen beleuchtet. Abschnitt 2.1 zeigt
anhand eines Projektplanes das Zusammenspiel der einzelnen Komponenten auf.
In Abschnitt 2.2 wird das Business Process Reengineering behandelt, bevor sich
Abschnitt 2.3 der eigentlichen Geschäftsprozeßmodellierung zuwendet und dabei
auch das Tool *ARIS Easy Design* präsentiert, mit dem die Modelle dieser Arbeit entwickelt wurden. Bei der Behandlung von Workflows (Abschnitt 2.4) wurde
die Abgrenzung zu Geschäftsprozessen betont, da die Literatur hier oft nicht so
scharf differenziert. Workflow-Management-Systeme (Abschnitt 2.5) bilden schließlich das Bindeglied zur operationalen Ebene. Schließlich soll Abschnitt 2.6 Antwort
auf die Frage geben, welche Veränderungen und Möglichkeiten das Internet und
speziell das WWW für die Geschäftsprozeßmodellierung eröffnen.

Kapitel 3 beschäftigt sich mit dem Internet. Es untersucht, welche Bedeutung
es für die Versicherungsbranche haben kann (Abschnitt 3.1). Die einzelnen Dienste
im Internet und Einsatzmöglichkeiten bei Versicherern behandelt Abschnitt 3.2.
Wie weit ist die Umsetzung der Konzepte in Deutschland (auch im Vergleich zum
Weltmarkt) bereits fortgeschritten? Welche Trends sind für die Zukunft erkennbar? Die Abschnitte 3.3 (Ist-Analyse) und 3.4 (zukünftige Entwicklungen) geben
Antwort auf diese Fragestellungen. Schließlich werden in Abschnitt 3.5 ausgewählte Aspekte aus dem Bereich der technischen und rechtlichen Rahmenbedingungen
betrachtet. Dabei liegt der Schwerpunkt auf der Behandlung der digitalen Signatur, einem Gesetzespaket, das im wesentlichen am 01. August 1997 in Kraft trat
und dessen Umsetzung den rechtsgeschäftlichen Verkehr mittelfristig revolutionie-
ren wird.

Kapitel 4 befaßt sich mit den Bedürfnissen, Anforderungen und Wünschen der
Nutzer von Internet-Angeboten der Versicherungsunternehmen. Dabei handelt es
sich in erster Linie um die Versicherungskunden, denen dann auch in Abschnitt

4.1 die größte Aufmerksamkeit gewidmet wird. Daneben werden mit dem Außendienst (Abschnitt 4.2), den Medien und der Presse (Abschnitt 4.3), den Aktionären und Analysten (Abschnitt 4.4) sowie den (potentiellen) Arbeitnehmern (Abschnitt 4.5) die weiteren Zielgruppen betrachtet. Für jede dieser Gruppen wird ein Bedarfsprofil erstellt, daß dem Versicherer eine zielgruppenspezifische Entwicklung seines WWW-Angebots ermöglicht.

Die bisherigen Kapitel haben eine gemeinsame Basis für die Entwicklung eines Modellierungs-Frameworks in Kapitel 5 gelegt. Diese Basis mußte aufgrund der Nähe zu aktuellen Entwicklungen in Forschung und Technik recht breit ausfallen. Um dem Leser mit Vorkenntnissen einen schnelleren Einstieg zu ermöglichen, wurden die Kapitel 2 bis 4 so unabhängig voneinander wie möglich gehalten, um ein selektives Lesen zu erleichtern. Auf diese Basis aufbauend, wird das Modellierungs-Framework zunächst – die Ausführungen in Kapitel 2 aufgreifend – im Projektzusammenhang dargestellt (Einleitung zu Kapitel 5 und Abschnitt 5.1). Die restlichen Abschnitte befassen sich mit der Entwicklung der beiden ARIS-Easy-Design-Modelle (Abschnitt 5.2) des klassischen, außendienstorientierten Vertriebs (Abschnitt 5.3) sowie der Interessenten-Initiative über das Internet (Abschnitt 5.4). Dabei wird auf die in Kapitel 3 gelegten Grundlagen zurückgegriffen. Von den in Kapitel 4 geschilderten Zielgruppen wurde exemplarisch die der privaten Versicherungskunden ausgewählt.

1.4. Ergebnisse

Die Arbeit vermittelt einen kompakten Überblick über die gesamte Thematik der Modellierung von Geschäftprozessen im Internet am Beispiel der Versicherungswirtschaft. Eigene Überlegungen und intensives Literaturstudium erlaubten eine komprimierte Darstellung, die einerseits dem Praktiker einen gründlichen Überblick ermöglicht und praktische Beispiele zeigt, andererseits aber auch für den wissenschaftlich interessierten ein solides Fundament legt, auf das er durch Verfolgen der umfangreichen Literaturangaben aufbauen kann.

Hergeleitet und entwickelt wurde ein Modellierungs-Framework für den Prozeß der Neugeschäftsgewinnung im Bereich der Lebensversicherung.

Das Modellierungs-Framework ermöglicht die Abbildung aller Vertriebsformen vom reinen Außendienstvertrieb über den gemischten Vertrieb (Außendienst und WWW) bis hin zum reinen Online-Vertrieb.

Für die praktische Umsetzung ist dabei besonders wichtig, daß die sukzessive Freigabe der Online-Phasen entsprechend den geschäftspolitischen Vorgaben und den technischen Möglichkeiten in den einzelnen Versicherungunternehmen möglich ist. Trotz der Möglichkeit zur schrittweisen Einführung ist jedoch von Anfang an der Rahmen gespannt, in den sich die Erweiterungen nahtlos einfügen können.

1. Einführung und Ergebnis

Die Möglichkeiten des Internets (insbesondere des World Wide Web) und anderer Technologien (hier sei die digitale Signatur genannt) ermöglichen eine Modellierung, die die Prozesse um Größenordnungen schneller machen, durch den Abbau von Medienbrüchen Kosten sparen und Fehler vermeiden, vor allem aber die Kundenzufriedenheit durch schnelle Entscheidungswege, mehr Flexibilität und die freie Wahl des Vertriebsweges deutlich erhöhen.

2. Modellierung von Geschäftsprozessen

„'Ein Prozeß ist ein Prozeß ist ein Prozeß', unabhängig davon, ob er in der Fertigung, in der Beschaffung oder im Vertrieb abläuft "[Sch96a].

In Anbetracht des großen Effizienzrückstandes der Verwaltung gegenüber der Fertigung macht sich Scheer Gedanken darüber, wie die „in der Fertigung verwendeten Methoden der Prozeßbeherrschung auf Dienstleistungs- und Verwaltungsabläufe übertragen werden können".

„Gerade Dienstleistungsunternehmen wie Banken und Versicherungen sehen sich in der Regel keinem großen Angebot an Standardsoftware zur Unterstützung ihrer operativen Abläufe gegenüber. Hier könnten sie durch den Einstieg in Ebene 1 und 3 ihre Geschäftsabläufe zunächst dokumentieren (modellieren) und in die Ablaufsteuerung durch ein Workflow-System umsetzen, um auf der Ebene 4 noch ihre alte Software zur Unterstützung der Bearbeitungsregeln einzusetzen. Hierzu ist es allerdings erforderlich, daß die Software der Ebene 4 in so feine Module zerlegt werden kann, daß sie einer Workflow-Steuerung zugänglich wird[1]"[Sch96a].

Die dramatische Verschärfung des Wettbewerbsdrucks infolge der Öffnung des EG-Binnenmarktes hat schon jetzt viele Unternehmen den Wandel hin zum prozeßorientierten Unternehmen vollziehen lassen[2]. Laut Ergebnissen des Fraunhofer-Instituts für Arbeitswissenschaft und Organisation (IAO) ist der Einsatz von Vorgangssteuerungssystemen im Banken- und Versicherungsbereich verglichen mit anderen Branchen mit 12% relativ hoch. Eine Einsatzplanung dieser Systeme liegt immerhin bei 52% aller Befragten vor [WK96].

Bedenklich stimmt jedoch die Tatsache, daß das Workflow-Konzept von vielen

---

[1] Zu den genannten Ebenen siehe Abb. 2.1 auf Seite 6 sowie den folgenden Text

[2] Die Unfähigkeit der Unternehmen zu tiefgreifenden Veränderungen ohne exogenen Zwang thematisiert Thomas in [Tho95]: „Selten jedoch wurde [...] die Frage gestellt, ob beispielsweise eine Geschäftstätigkeit zur Kernkompetenz eines Unternehmens gehört, solange die Betriebsergebnisse zufriedenstellend waren. Revolutionäres geschieht in der Regel nur unter äußerem Druck."

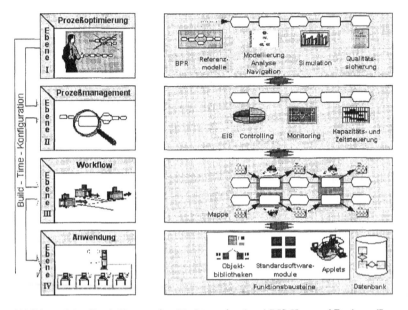

Abbildung 2.1.: Geschäftsprozeßarchitektur oder das ARIS House of Business Engineering (Quelle: Scheer - Industrialisierung der Dienstleistungen [Sch96a])

Firmen als reines Kostensenkungsprogramm betrachtet wird[3]. Bei der in [GSP95] beschriebenen Befragung von 17 Anwendern über ihre Erfahrungen bei der Umsetzung von Workflow-Projekten verkannten die meisten Firmen (unter ihnen zu fast 60% Finanzdienstleister) den ganzheitlichen Aspekt. So wollte ein Großteil der Unternehmen den funktionalen Organisationsaufbau nicht ändern. Bei der Gewichtung von Anforderungskriterien an ein Workflow-System wurde die Modellierungskomponente meist als weniger wichtig angesehen. „Daraus ist ersichtlich, daß die wenigsten Unternehmen den Nutzen von Modellen und die daraus resultierenden langfristigen Vorteile für ein Workflow-Projekt erkannt haben". Konsequent gaben sie dann auch für die Zeit nach dem Projekt die fast unveränderte Dominanz der funktionalen Organisationsform zu Protokoll. Auch auf die an 70,6% der Workflow-Projekte beteiligten Unternehmensberatungen sowie die zu 35,3% invol-

---

[3]Rund 40% hoben die Kostenoptimierung als Ziel hervor und bezeichneten sie als „ausschlaggebend für die Entscheidung der Unternehmensführung, eine Workflow-Anwendung einzuführen."[GSP95]

vierten Workflow-Anbieter[4] wirft die Studie [GSP95] daher kein besonders gutes Licht.

Diese Ergebnisse waren mit dafür verantwortlich, daß diese Arbeit nicht so stark auf die reine Modellierung fokussiert ist, sondern den ganzheitlichen, prozessualen Charakter betont. „Instead of embedding outdated processes in silicon and software, we should obliterate them and start over. We should 'reengineer' our businesses: use the power of modern information technology to radically redesign our business processes in order to achieve dramatic improvements in their performance" (aus dem berühmten Artikel „Don't automate, obliterate" von Hammer (1990), zitiert nach [KSZ97]). Beides ist notwendig — das Redesign genauso wie die anschließende Modellierung und Workflow-Management-System-gesteuerte Ausführung:

> „Business Process Reengineering hilft dabei, die *richtigen Dinge*,
> Workflow-Management die *Dinge richtig* zu tun"[Ran96].

Welches sind also die notwendigen Komponenten und wie interagieren sie? Die in Abbildung 2.1 auf Seite 6 dargestellte Architektur läßt das Zusammenspiel der Konzepte um die Geschäftsprozesse gut erkennen:

Prozeßoptimierung (Ebene I): Die relevanten Geschäftsprozesse werden erkannt, optimiert und beschrieben. Dabei kann auf das Methodenrepertoire des Business Process (Re-)Engineering zurückgegriffen werden.

Prozeßmanagement (Ebene II): Die Prozeßbeschreibungen werden zu detaillierten Modellen verfeinert. Die Geschäftsprozeßmodellierung ist nicht zuletzt deshalb von so zentraler Bedeutung, weil die Fachabteilung hieran noch entscheidend beteiligt ist. Damit hat das erstellte Dokument den Charakter einer Spezifikation oder eines Pflichtenheftes.

Workflow (Ebene III): Während die Geschäftsprozeßmodelle noch Kommunikationsgrundlage zwischen Fachabteilung und EDV sind, ist die Beschreibung der Workflows formaler und auf die Automatisierung der Abläufe ausgerichtet. Modelle, die dem Nicht-Informatiker nur noch schwer zugänglich sind, können hier verwendet werden, um die Prozesse mit der nötigen Präzision abzubilden.

Anwendung (Ebene IV): Auf dieser Ebene finden sich fein modularisierte Applikationsbausteine. Dabei kann es sich sowohl um Legacy-Systeme als auch

---

[4]Von diesen beiden Gruppen sollte man in besonderem Maße die profunde Kenntnis und die erfolgreiche Umsetzung der Konzepte erwarten. Gerade wegen der ihnen unterstellten Kompetenz werden sie ja von den Firmen in die Projekte geholt.

um dezidierte Workflow-Applikations-Module handeln. Diese müssen in jedem Fall so gestaltet werden, daß die Ablaufsteuerung über die Schnittstelle zwischen den Ebenen III und IV an die Workflow-Ebene abgegeben werden kann.

Im folgenden soll versucht werden, all diese Begriffe und Konzepte zu erklären und zueinander in Beziehung zu setzen.

Die praktische und wissenschaftliche Auseinandersetzung in diesen Bereichen hat noch nicht in wünschenswertem Maße zu einer Konsolidierung und Standardisierung geführt. In Abbildung 2.2 wird anschaulich demonstriert, welche Konzepte unter dem „Workflow-Schirm" zu finden sind [Zhe97]. Daher ist es notwendig, die verwendeten Begriffsdefinitionen anzugeben.

Mit der Workflow-Management-Coalition[5] (WfMC) hat es sich eine Vereinigung von Herstellern, Anwendern und Wissenschaftlern auf diesem Gebiet zur Aufgabe gemacht, dem Workflow-Gedanken durch die Entwicklung eines offenen Standards zum Durchbruch zu verhelfen.

Abbildung 2.2.: „Workflow-Schirm"

Dazu hat sie u.a. ein Referenzmodell [Hol94] und ein Glossar [Wor96a] entwickelt. Sofern nichts anderes erwähnt ist, werden die Begriffe im folgenden mit der Semantik aus diesen beiden Dokumenten verwandt. Aufgrund der etwas unsauberen Trennung zwischen Geschäftsprozeßmodell und Workflowmodell ist allerdings eine Präzisierung notwendig, die in Abschnitt 2.3.1 präsentiert wird.

Der Aufbau des restlichen Kapitels folgt einer gedachten Projekt-Vorgehensweise, wie sie im folgenden Abschnitt 2.1 beschrieben ist. Allerdings wird nicht auf alle dort beschriebenen Punkte en detail eingegangen, weil dies den Rahmen dieser Arbeit sprengen würde.

Nachdem optimierte Geschäftsprozesse erarbeitet wurden (Business Process (Re-)Engineering — Abschnitt 2.2), werden diese modelliert (Abschnitt 2.3), bis zur maschinellen Handhabbarkeit detailliert (Workflows — Abschnitt 2.4), um dann einem Workflow-Management-System (WfMS) zur Ausführung übergeben zu werden (Abschnitt 2.5).

Ergänzt wird der Abschnitt durch eine kurze Präsentation des Referenzmodells der WfMC (Abschnitt 2.5.2). Ob und inwieweit sich an dem Gesagten durch die Integration des World Wide Web bzw. des Internets allgemein etwas ändert, wird in Abschnitt 2.6 beleuchtet.

---

[5]In [Tat97, SM96] sowie kurz auch in Abschnitt 2.5.2 wird die WfMC und ihre Arbeit präsentiert.

2.1. Projektorganisation

Die „richtige" Projektorganisation zu finden, ist eine Kunst für sich, die zu beherrschen hier gar nicht versucht werden soll. Andererseits wird die Geschäftsprozeßmodellierung fast immer im Rahmen eines eher umfangreichen Projektes eingeführt. Aus diesem Grund soll hier ein intuitiv verständlicher Projektplan skizziert werden, der in [She95] etwas ausführlicher beschrieben ist. Dabei handelt es sich nicht zufällig um ein Reengineering-Projekt. Da Reengineering alles bisherige in Frage stellt, ist es die ideale Gelegenheit, die Stufen des Projektes nach Sinn und Inhalt zu überdenken (Abbildung 2.3 auf Seite 10).

Um diesen an der betrieblichen Praxis orientierten Ansatz zu relativieren, soll ihm ein wissenschaftlich-theoretischer Ansatz eines Vorgehensmodells zur Seite gestellt werden. Der darüberhinaus an der Thematik interessierte Leser sei auf die Spezialliteratur[6] verwiesen.

Shelver [She95] unterteilt ein Projekt in fünf Phasen:

Strategy Ausgehend von der unternehmensweiten Strategie werden (ehrgeizige) Ziele formuliert, die mit dem Projekt erreicht werden sollen. Die Identifikation der Prozesse und die Selektion derer, die geändert werden sollen, ist in funktional geprägten Unternehmen sehr schwierig. Danach können die Gesamtziele auf die einzelnen Prozesse heruntergebrochen und dabei konkretisiert werden.

Mobilization Ein eingefahrenes Unternehmen aus seiner Lethargie zu reißen und gleichermaßen fachlich-rational wie emotional für das Projekt zu motivieren ist eine herausfordernde Aufgabe. Die Auswahl und Schulung der Projektmitarbeiter ist von entscheidender Bedeutung. Offene Kommunikation von Anfang an, Einbeziehung von Mitarbeitern und Betriebsrat sowie Rückendeckung seitens der Geschäftsleitung sind eine conditio sine qua non.

Assessment Bevor man den alten Prozeß verändern kann, muß man ihn verstehen. Hier kann weniger mehr sein. Ein umfassender Überblick ist hilfreich, eine zu detaillierte Analyse verstellt den Blick für Quantensprünge. Das genaue Hinterfragen der Kundenwünsche, das Infragestellen aller Tätigkeiten im Hinblick auf die Wertschöpfung für den Kunden sowie ein Blick auf die besten Unternehmen nicht nur der eigenen Branche sind die richtigen Ansätze, um die bestehenden Prozesse richtig zu bewerten.

Reinvention Die hochgesteckten Ziele sind mit konventionellen Methoden nicht erreichbar. Daher sucht man neue Techniken, Ideen, Organisationsalternati-

---

[6]Exemplarisch wären [Krü94, Kap. XVIII] für das Projektmanagement im allgemeinen oder [HS95] speziell für Reengineeringprojekte zu nennen.

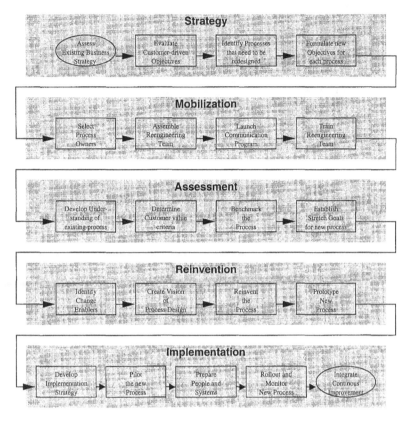

Abbildung 2.3.: Der Reengineering Prozeß (Quelle: Shelver [She95])

ven und verfeinert diese dann langsam von der Vision bis zum ausgereiften Geschäftsprozess. Hier ist das Denken und Handeln nach dem Motto „Jump Out of the Box!"[7] gefragt.

Implementation Pilotprojekte und exakte Einführungsplanung sind die eine, technische Seite — die Fortsetzung des Change Management die andere. „Change

---

[7]Das Idiom läßt sich im Deutschen mit Querdenkertum und dem Verlassen eingefahrener Bahnen umschreiben.

Management focuses on the people and organization aspects of change to convert client strategies into the improved day-to-day performance and behavior of their people"[And94]. Während im betriebswirtschaflichen Bereich also unter Change Management die Anpassung der Organisation, insbesondere der Mitarbeiter, an die neue Situation verstanden wird, wird mit Change Management im technischen Bereich häufig der Veränderungsprozeß selbst beschrieben [AM97, VB96b]. Das Monitoring der implementierten Prozesse geht dann fließend in den sich meist anschließenden kontinuierlichen Verbesserungsprozeß über.

Die Entwicklung eines Metamodells ist die Basis des zweiten Ansatzes, der in [HSW96, HSW97][8] beschrieben wird. Das Metavorgehensmodell kommt mit den vier Entitäten Phase, Sprache, Dokument und Person aus. In Abbildung 2.4 auf Seite 12 sind die Phasen des Beispiel-Vorgehensmodells zu erkennen:

Informationserhebung Erhebung aller relevanten Daten durch Beobachtung, Interviews, Fragebögen und Dokumentenstudium

Geschäftsprozeßmodellierung Verdichtung der Daten aus der vorherigen Phase und Beschreibung des Modells in semiformaler, meist graphischer Form.

Workflow-Modellierung Detaillierung der Prozesse, soweit sie (teil-)automatisiert werden sollen. Verwendung von abstrakt-formalen Modellen, die maschineller Interpretation zugänglich sind.

Workflow-Spezifikation Umsetzung des Workflow-Modells in die Definitionssprache des verwendeten Workflow-Management-Systems

Die Autoren schlagen eine Klassifikation vor, bei der zwischen den drei Klassen isolierter, sequentieller und integrierter Ansatz unterschieden wird.

Beim isolierten Ansatz wird davon ausgegangen, daß Informationen über Geschäftsprozesse bereits in einer Form vorliegen, die die Überführung in ein Workflow-Modell ermöglicht.

Die beiden anderen Ansätze beinhalten die Modellierung der Geschäftsprozesse explizit innerhalb des Ansatzes. Während beim sequentiellen Ansatz Dokumente von Phase zu Phase weitergereicht werden, arbeitet der integrierte Ansatz auf einer gemeinsamen Datenbasis, die von den folgenden Phasen lediglich um zusätzliche Informationen erweitert wird (s. Abbildung 2.4 auf Seite 12). Insbesondere reicht

---

[8]Aus für den Autor unerklärlichen Gründen wirkt die „ältere" Arbeit [HSW96] aktueller. [HSW97] erscheint dagegen eher wie ein Rückschritt. Daher soll hier auch im wesentlichen [HSW96] zugrunde gelegt werden.

eine Sprache zur Beschreibung der Modelle auf allen Ebenen[9]. Die Autoren halten keinen der Ansätze für prinzipiell überlegen. Vielmehr müsse Vorgehensmodell-individuell der geeignete Ansatz gewählt werden[10].

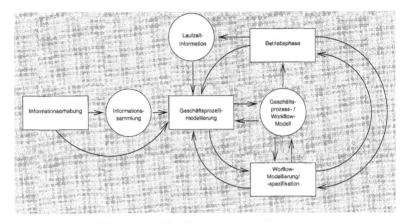

Abbildung 2.4.: Integriertes Vorgehensmodell zur Entwicklung von Workflow-Anwendungen (Quelle: Holten/Striemer/Weske [HSW96])

In Abbildung 2.5 auf Seite 13 sind die beiden Konzepte einander gegenübergestellt. Da sich die Gliederung des restlichen Kapitels an diesen beiden Konzepten orientiert, wurde es in der Graphik mit ihnen in Verbindung gebracht.

2.2. Business Process (Re-)engineering

„Take a clean sheet of paper"[ano93] oder „Obliterate [...] and start over[11]". Die Radikalität der Protagonisten des Business Process Reengineering verschaffte dem Konzept viel Aufmerksamkeit und verhalf ihm in kurzer Zeit zu einem bemerkenswerten Durchbruch. Jeder kennt seither Business Process Reengineering (BPR). Aber was ist es eigentlich?

---

[9]Die Autoren halten die Sprache FUNSOFT [DGS95], sowie die Workflow-Management-Systeme CORMAN (wissenschaftlich) und LEU (kommerziell)[Sla96] für ausreichend mächtig.

[10]Allerdings prognostizieren die Autoren in [HSW97] ein Zusammenwachsen der sequentiellen und der integrierten Methode.

[11]Hammer 1990, zitiert nach [KSZ97]

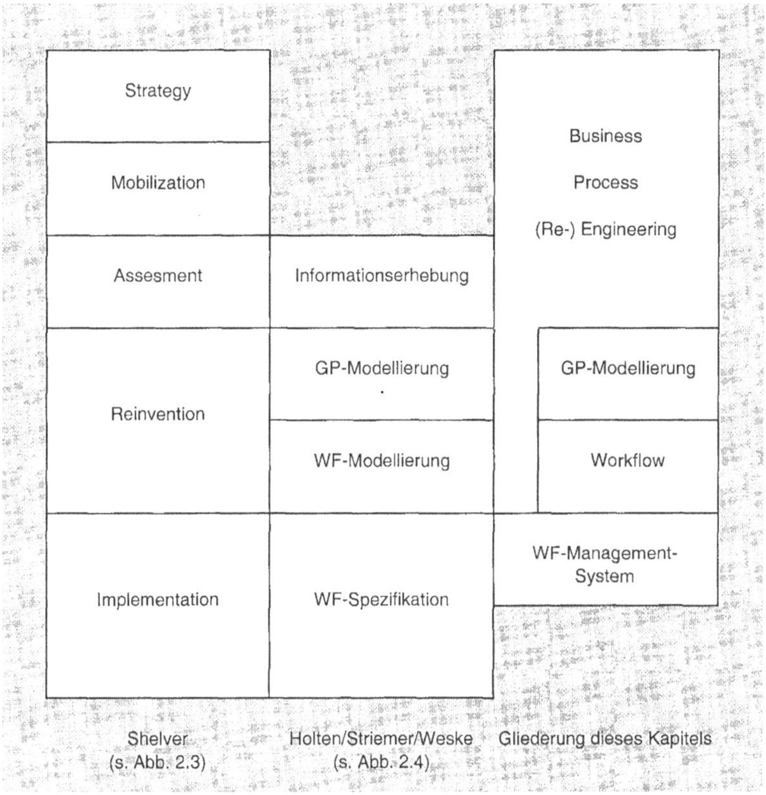

Strategy		Business
Mobilization		Process
		(Re-) Engineering
Assesment	Informationserhebung	
Reinvention	GP-Modellierung	GP-Modellierung
	WF-Modellierung	Workflow
Implementation	WF-Spezifikation	WF-Management-System

Shelver · Holten/Striemer/Weske · Gliederung dieses Kapitels
(s. Abb. 2.3) (s. Abb. 2.4)

Abbildung 2.5.: Struktur der beiden Ansätze im Vergleich sowie die Struktur der restlichen Abschnitte dieses Kapitels

*Reengineering is the **fundamental** rethinking and **radical** redesign of business **processes** to achieve **dramatic** improvements in critical, contemporary measures of performance, such as cost, quality, service, and speed.* [HC94, S. 32]

Da diese Definition weithin akzeptiert ist, schauen wir sie uns einmal etwas genauer an. Die Autoren benennen selbst vier Schlüsselworte:

fundamental In Unternehmen herrschen geschriebene und ungeschriebene Regeln. Für viele davon gab es einmal einen guten Grund. Aus heutiger Sicht sind diese jedoch häufig veraltet oder fehlerhaft.

Es gilt daher, alles in Frage zu stellen: „Warum machen wir etwas und warum gerade auf diese Weise?"

Entscheidend dabei ist, keine impliziten Annahmen zu machen. Wenn ein Versicherungsunternehmen beispielsweise fragt „Wie können wir die Höhe aller Schäden effizient nachprüfen?" unterstellt es dabei, daß die Höhe jedes einzelnen Schadens nachzuprüfen ist. Die Höhe der durch die Prüfung entstehenden Kosten kann bei Kleinschäden schnell die dadurch einzusparenden ungerechtfertigten Entschädigungsbeträge übersteigen.

An dieser Stelle sind oft Mitarbeiter aus anderen Abteilungen oder Unternehmensberater hilfreich. Sie sind nicht „betriebsblind" und ihr „Warum?" kann sehr hilfreich sein.

radical Es geht nicht um kleinere Änderungen, um business improvement oder business enhancement, sondern um Quantensprünge. Nicht die oberflächlichen Auswirkungen sind Gegenstand des BPR, sondern es gilt den Dingen auf den Grund zu gehen und die Prozesse von Grund auf neu zu gestalten.

dramatic Business Process Reengineering ist nur dann der richtige Ansatz, wenn es um die Verbesserung von Zielgrößen um ganze Größenordnungen geht. Ein Einsparpotential von 5 oder 10 Prozent kann mit anderen Methoden einfacher realisiert werden. Wenn die durchschnittliche Schadenbearbeitungszeit eines Schadens jedoch von vier Wochen nicht auf dreieinhalb Wochen, sondern auf vier Tage gesenkt werden soll, dann ist der Reengineering-Ansatz der richtige. Umgekehrt heißt das auch, daß man die Ziele in einem Reengineering-Projekt extrem hoch ansetzen sollte, so daß sie mit konventionellen Methoden gar nicht mehr erreichbar sind[12].

process Im Zuge der Industrialisierung schritt die Arbeitsteilung, besonders vorangetrieben durch Größen wie Smith[13] oder Ford[14], immer weiter voran. Heute ist ein Zustand erreicht, an dem nur noch wenige in der Lage sind, den ganzen Arbeitsprozeß zu übersehen. Die meisten kennen nur noch ihren Arbeitsbereich und können mögliche Implikationen ihres Tuns gar nicht mehr erkennen. „If the old model was simple tasks for simple people, the new one

---

[12]Erst diese scheinbare Ausweglosigkeit macht den Kopf frei für wirklich dramatische, radikale Veränderungen und neue Lösungsansätze.

[13]Adam Smith, 1723-1790, englischer Nationalökonom, Begründer der modernen Wirtschaftswissenschaften

[14]Henry Ford, 1863-1947, amerikanischer Industrieller

Business Process (Re-)engineering

is complex jobs for smart people" [HC94, S. 70]. Durch die Möglichkeiten der modernen Informationstechnik ist es heute möglich, daß eine einzelne Person oder doch zumindest ein kleines Team einen Geschäftsvorfall in seiner Gänze bearbeiten kann.

Die Verwirklichung des Prozeßgedankens erfordert eine Abkehr von der traditionellen, funktional geprägten Ablauforganisation. „Während die Ablauforganisation innerhalb der Funktionsbereiche ihren Ansatzpunkt hat, d.h. die Abläufe passen sich der vorher fixierten Aufbauorganisation an, liegt der Grundgedanke der Prozeßorganisation gerade darin, daß die Erfordernisse der betrieblichen Abläufe den Vorrang vor anderen Strukturierungskriterien erhalten, d.h. der organisatorische Aufbau ist am Ablaufgeschehen in der Unternehmung ausgerichtet" [Cor97a].

Neben dieser Definition gibt es noch einige weitere (in [PC95] werden viele genannt und verglichen). Jede legt den Schwerpunkt ein wenig anders, aber bestimmte Grundkonzepte sind in den meisten Definitionen implizit oder explizit enthalten. Aufgrund der Orientierung am Möglichen und nicht am Vorhandenen muß nicht zwischen Business Process Engineering (also dem neuen Prozeß auf der grünen Wiese) und Business Process Reengineering (dem Ersatz vorhandener Prozesse) unterschieden werden, weswegen im folgendem der Begriff Business Process Reengineering beides umfasssen soll[15]. Die entsprechenden Ergebnisse aus [Cor97b, FS93, Ngu94, PC95, Ran96, She95] zusammenfassend, findet man die folgenden Faktoren in fast allen Definitionen von Business Process Reengineering:

Prozeßorientierung Die Ablauforganisation tritt zugunsten eines Denkens und Handelns in ganzen Prozessen in den Hintergrund. Das Unternehmen ist nicht mehr nach funktionalen Gesichtspunkten, sondern anhand der Kerngeschäftsprozesse gegliedert.

Radikalität Ehrgeizige Zielsetzungen und der „clean-sheet-of-paper-Ansatz" machen Quantensprünge in den Ergebnisdimensionen möglich.

horizontale Verdichtung Flexible Strukturen ermöglichen die Ausführung ganzer Geschäftsprozesse mit einer sehr geringen Zahl (im Idealfall 0) interner Schnittstellen. Statt Spezialisten, die einzelne Aktivitäten innerhalb eines größeren Prozesses übernehmen, gibt es case worker bzw. case teams, d.h. Einzelpersonen oder kleine Spezialistenteams, die ganze Prozesse eigenverantwortlich durchführen. Die Änderung der Aufgaben ist auch unter dem Schlagwort *job enlargement* bekannt.

[15]In [VB96b] wird stattdessen die Auffassung vertreten, daß Business Process Engineering (der „Grüne-Wiese-Ansatz") irreführend sei und durch Geschäftsprozeßmodellierung zu ersetzen sei. Diese Auffassung verkennt den „Clean-Sheet-of-Paper-Charakter", weswegen ihr nicht gefolgt werden kann.

15

2. *Modellierung von Geschäftsprozessen*

vertikale Verdichtung Die Autorität, Entscheidungen zu treffen – und damit auch die entsprechende Ergebnisverantwortung – wird auf den case worker / das case team verlagert. Dies wird auch als *job enrichment* bezeichnet. Entscheidungsvorlagen passen nicht mehr in dieses Konzept. Dazu ist eine Basis des Vertrauens und ein unternehmerisches Denken bei allen Mitarbeitern vonnöten.

Konzentration auf Kernprozesse In vielen Studien hat sich gezeigt, daß selbst die größten global players nicht mehr als etwa fünf bis zehn Kerngeschäftsprozesse haben. Die beschränkten Ressourcen sollten gebündelt zu deren Optimierung eingesetzt werden.

Ausspielen der Kernkompetenzen Felder eines (langfristigen) Wettbewerbsvorsprungs sollen erkannt werden. Bei der Auswahl der kritischen Erfolgsfaktoren, die den Prozessen als Meßlatte bzw. Steuergröße dienen, werden diese Kernkompetenzen betont, um so Immitationsbarrieren[16] zu schaffen.

Elimination nicht wertschöpfender Prozesse Ein Geschäftsprozeß ist hinsichtlich seiner Funktion innerhalb der Wertschöpfungskette und hinsichtlich seines Beitrages zur Erreichung der Unternehmensziele zu bewerten. Geschäftsprozesse, die keine hinreichende Bewertung erhalten, sind zu eliminieren.

Einsatz neuer Techniken Neue Techniken ermöglichen effizientere Geschäftsprozesse. Insbesondere die Informationstechnologie schafft erst die Voraussetzungen für viele Verbesserungen. Paralleles Arbeiten auf einer gemeinsamen Datenbasis von verschiedenen Abteilungen an unterschiedlichen Standorten ist beispielsweise erst durch konsistent replizierte Datenbanken in Verbindung mit Telekommunikationstechnologien möglich.

Unternehmensübergreifende Perspektive Der partnerschaftliche Umgang mit Lieferanten und Kunden, ihr Einbeziehen in die eigenen Prozesse, ist zum Vorteil beider Seiten[17].

Kundenorientierung Die Gestaltung der Prozesse und der Angebotspalette hat sich an den Bedürfnissen und Wünschen der Kunden zu orientieren. Der

---

[16]Darunter sind spezifische Vorteile bezüglich Unternehmenskultur, Know-How oder ähnlichem zu verstehen, die für Konkurrenten nicht (kurzfristig) zu überwinden sind. Das Fehlen einer eigenen Außendienstorganisation ist für Konkurrenzversicherer aus dem EU-europäischen Ausland trotz der Schaffung des Binnenmarktes ein solcher Nachteil, der kurzfristig nicht zu überwinden ist.

[17]Während im Versicherungsbereich die Beziehung zum Lieferanten, also dem Rückversicherer, traditionell gut und der Informationsaustausch intensiv und effizient organisiert ist, ist das Verhältnis zum Versicherungskunden von weit weniger gegenseitigem Vertrauen geprägt.

16

Versicherer sollte sich als Problemlöser und weniger als Produktanbieter profilieren.

Von ganz entscheidender Bedeutung und oft ausschlaggebend für Erfolg oder Mißerfolg eines BPR-Projektes sind die Unterstützung durch das Top-Management und die offene Kommunikation mit den Mitarbeitern. Von den 22 seitens der Gartner-Group für erfolgskritisch gehaltenen Faktoren [Tho95] sind dann auch rund die Hälfte diesem Bereich zuzuordnen. Auf diesen Themenkomplex kann im Rahmen dieser Arbeit nicht näher eingegangen werden. Exemplarisch für die sich hier stellenden Herausforderungen seien zwei Dokumente genannt, mit denen sich ein Unternehmen nach [HC94] an seine Mitarbeiter wenden sollte:

Case for Action In diesem Papier wird die derzeitige Situation beschrieben, in der sich das Unternehmen befindet. Die erkannten Schwachstellen werden klar aufgezeigt, die Unausweichlichkeit des Handelns erklärt. „Das Management bedient sich dabei des psychologischen Phänomens, daß Angst vor Neuem nur durch eine größere Angst (z. B. Arbeitslosigkeit) besiegt werden kann. Es ist offensichtlich, daß jedoch auch vertrauensschaffende Maßnahmen ergriffen werden müssen, um den Mitarbeitern ein Gefühl von Sicherheit zu vermitteln"[Ran96].

Vision Eine Vision sollte klar und spezifisch sein. Sie sollte die folgenden Themenkomplexe beinhalten [She95]:

- Hauptprozeßcharakteristika wie Informationsfluß, Output, Leistung, Organisation und Technologie

- Leistungsmaße und -ziele wie Kosten, Qualität, Zeit und Verfügbarkeit

- Kritische Erfolgsfaktoren wie Mitarbeitermotivation und technische Möglichkeiten

- Denkbare Implementierungshindernisse, z.B. Ressourcenmangel oder kulturelle Widerstände

Wie wichtig gerade der letzte Punkt ist, um keine unrealisierbaren Erwartungen zu wecken, beschreibt [WK96]: „Die Workflow-Einführung sollte neben diesem strukturellen, organisatorischen Aspekt auch technische Randbedingungen berücksichtigen. Bestimmte Einsatzgebiete sind technisch nur unzureichend durch herkömmliche Vorgangssteuerungssysteme zu unterstützen, wie z.B. die Ausführung von Vorgängen auf zeitweise unvernetzten Notebooks von Außendienstmitarbeitern. Derartige Anforderungen werden derzeit von keinem ausgereiften Vorgangssteuerungssystem erfüllt und erfordern die Eigenentwicklung von Zusatzfunktionen, die in das Vorgangssteuerungssystem eingebunden werden. [...]

Weiterhin können arbeitstechnische Gesichtspunkte gegen die Einführung des Workflow-Konzeptes sprechen, wenn z.b. die Massendatenerfassung wie bei Versicherungspolicen, durch Vorgangssteuerungssysteme abgelöst werden soll. Während bei der herkömmlichen Massendatenerfassung durch Eingeben der entsprechenden Daten in bereitstehende Erfassungsmasken die Rüstzeiten relativ gering sind (Einmaliges Starten des Erfassungsprogramms und Bedienung der Erfassungsmaske mit n-maliger Dateneingabe der Policen), steigen die Rüstzeiten (und die Netzbelastung) bei der einzelfallorientierten, vorgangsgemäßen Erfassung (n-maliges Starten des Erfassungsprogramms und der Erfassungsmaske bei einmaliger Dateneingabe)".

Auch die Identifikation der Prozesse und die Auswahl der zunächst zu implementierenden kann hier nur erwähnt werden. In diesem Bereich kommen Kreativitätstechniken, Phantasie, Querdenkertum und Erfahrung zum Tragen. Bezüglich der Kreativitätstechniken finden sich in [KSZ97] interessante Ansätze für den innovativen Werkzeugeinsatz in dieser Projektphase. Als ein Beispiel für den Wert der Erfahrung sei die folgende Faustregel aus [KV97] angeführt: „Besonders hohe Einsparungspotentiale durch Prozeßoptimierung liegen nach den Erfahrungen der Praxis in Abläufen, die sich an interne Kunden richten und nicht vom einzelnen Abnehmer ausgelöst werden".

Mittlerweile haben sich diverse Methoden für das Business Process Reengineering herausgebildet, ohne daß bisher eine Konsolidierung oder gar ein einheitlicher Standard erkennbar wäre. Ein sehr guter Vergleich der am Markt angebotenen Produkte und der dahinterstehenden Methoden findet man in [HB96]. Auch in Abschnitt 2.3.2 wird hierauf noch eingegangen, da die Modellierungsmethoden in der Regel einen Schwerpunkt der Gesamtmethodik darstellen.

Business Process Reengineering umfaßt auch die Modellierung von Geschäftsprozessen, je nach Definition auch die Modellierung von Workflows. Diese Konzepte werden hier in eigenen Abschnitten behandelt.

2.3. Modellierung von Geschäftsprozessen

„Der Grundgedanke des Geschäftsprozeßmanagements besteht darin, eine Organisation nicht mehr vertikal nach Funktionen, sondern horizontal nach Prozessen zu gliedern. Die Arbeit in Teams gewinnt immer mehr an Bedeutung. Aufbauorganisatorische Gegebenheiten werden demzufolge zunehmend unwichtiger. Aus diesem Grund ist auch ein klarer Trend hin zu flachen und schlanken Hierarchien zu verzeichnen, da Entscheidungskompetenzen in den Geschäftsprozeß delegiert werden. Das bedeutet, daß der Autonomiegrad der in einen Geschäftsprozeß involvierten Mitarbeiter im Vergleich zu den traditionell arbeitsteiligen Organisationsformen deutlich zunimmt"[HP97].

In diesem Kapitel sollen Definition, Methoden und Modelle von Geschäftsprozessen vorgestellt werden. Die für diese Arbeit relevanten Teile der Modellierungsmethode ARIS und des Tools ARIS Easy Design werden präsentiert.

2.3.1. Geschäftsprozesse

Die Definition bei Hammer/Champy ist besonders prägnant, weil sie eingängig, kurz und präzise ist:

> *A business process is a collection of activities that takes one or more kinds of input and creates an output that is of value to the customer* [HC94, S. 35]

Nicht ganz nachzuvollziehen ist die Gegensätzlichkeit der Alternative in der Definition von Huber/Poestges [HP97], wonach Geschäftsprozesse jene Unternehmensprozesse darstellen, die entweder den Kundennutzen signifikant erhöhen oder einen wesentlichen Beitrag zur unternehmerischen Wertschöpfung leisten.

Unter Vernachlässigung des Wertschöpfungsgedankens („of value to the customer") betonen Ferstl/Sinz den transaktionalen Aspekt eines Geschäftsprozesses [FS93]. Dabei modellieren sie explizit die Zielkonsolidierung, also die Verhandlung zwischen den Prozeßpartnern mit dem Ziel, auf dem Wege der Kompromißbildung die Kompatibilität ihrer Sachziele zu erreichen.

Auf den ersten Blick selbstverständlich ist die Forderung in [Sch96a] nach der Beschreibung eines Geschäftsprozesses „von seiner Entstehung bis zu seiner Beendigung". Wenn man jedoch die Anfang und Ende des Prozesses definierenden Ereignisse angeben soll, ist dies mitunter eine schwierige Entscheidung.

Geschäftsprozesse werden auf der Fachkonzept-Ebene [Sch92] abgebildet. Sie sind „so weit formalisiert, daß sie Ausgangspunkt für eine konsistente EDV-technische Implementierung sein können."[Sch92] „Dazu werden meist graphische, semiformale Beschreibungssprachen verwendet, die eine gemeinsame Diskussionsbasis von Beratern, Mitarbeitern der Fachabteilungen und der Unternehmensführung bilden und die Kommunikation zwischen diesen erleichtern können"[HSW96].

Zusammenfassend sind Geschäftsprozeßmodelle also gekennzeichnet durch:

- System zielgerichteter Aktivitäten

- meßbare Inputs und Outputs

- definierter Anfang und definiertes Ende

- Wertschöpfung = Kundennutzen

- Ergebnisse einer Zielkonsolidierung

• Schnittstellendokument zwischen Fachabteilung/Management und EDV/Unternehmensberatung

Die Abgrenzung des Geschäftsprozesses kommt in der Literatur meist nicht so deutlich heraus und soll deshalb hier besonders unterstrichen werden. Insbesondere ist insoweit die Abweichung von den Definitionen der WfMC [Wor96a] zu betonen, wie sie in der Graphik „Relationship between basic terminology"[Wor96a, Figure 1.0] zum Ausdruck kommt. Bei diesem Konzept ist keine klare Trennung zwischen Geschäftsprozeß- und Workflowebene möglich.

Mit Abbildung 2.6 auf Seite 21 wird daher eine Modifikation vorgeschlagen, die den Anforderungen voll gerecht wird, ohne gravierend von den Vorschlägen der WfMC abzuweichen. *Process definition* wird zu *Workflow definition* konkretisiert und kann dann aus dem Bereich Geschäftsprozeß entfernt werden.

Die Gesamtheit der Geschäftsprozesse läßt sich nach dem SOS-Prinzip[18] klassifizieren, das auch [FS93, FS96] verwenden:

Support Processes Unterstützungs- oder Serviceprozesse sind nur indirekt an der Wertschöpfung beteiligt, indem sie für Entwicklung und Pflege der Unternehmensinfrastruktur zuständig sind (z.B. Personalwesen, EDV, Kantine)

Operational Processes Operative Prozesse, auch Leistungsprozesse genannt, erbringen die wertschöpfende Marktleistung (z.B. Produktentwicklung, Herstellung, Marketing, Absatz).

Steering Processes Planungs-, Steuerungs- und Kontrollprozesse dienen zur Lenkung der Leistungs- und Serviceprozese (z.B. Strategieplanung oder Personalführung).

Oft ist auch von Kernprozessen, Schlüsselprozessen oder kritischen Prozessen die Rede. Gemeint sind damit diejenigen Prozesse, deren Optimierung dem Unternehmen besonders große Vorteile verschafft. Dies sind selten mehr als zehn Prozesse. In [HC94] wird die *Process Map*, also das „Organigramm der Prozesse" der Firma Texas Instruments gezeigt, die ihre gesamte Geschäftstätigkeit mit sechs Kerngeschäftsprozessen modellieren konnte. Die Allianz Lebensversicherung konnte ihr Geschäft mit acht Prozessen abbilden (Abbildung 2.7 auf Seite 22). Anhaltspunkte für die Erkennung dieser Prozesse geben die folgenden drei in [HC94, Cor97a] genannten Kriterien:

• Problemhöhe und Verbesserungsnotwendigkeit ([HC94]: broken processes)

---

[18]Das Akronym SOS, verwandt in [Krü94], wird dort nicht explizit erklärt, läßt sich aber aus dem Kontext erschließen: S=Support, O=Operational, S=Steering

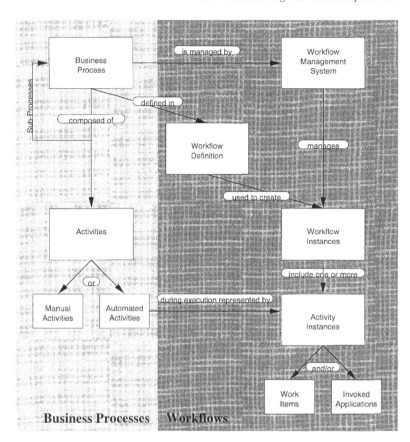

Abbildung 2.6.: Zusammenhang zwischen den wichtigsten Begriffen aus den Bereichen Geschäftsprozeß und Workflow (angelehnt an WfMC [Wor96a, Figure 1.0])

- Bedeutung und Auswirkung des Redesigns aus Kundensicht (important processes)

- unternehmensinterne Durchführbarkeit / -setzbarkeit (feasible processes)

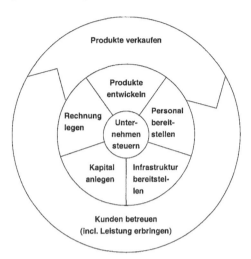

Abbildung 2.7.: Die acht Kerngeschäftsprozesse der Allianz Lebensversicherung AG. Die inneren Prozesse bilden die Infrastruktur für die beiden äußeren, operationalen Prozesse.

2.3.2. Modellierungsmethoden und Tools

Die Bandbreite der möglichen Geschäftsprozesse ist so groß, daß keine Modellierungsmethode alle relevanten Aspekte jedes denkbaren Geschäftsprozesses adäquat abbilden kann.

Vor diesem Hintergrund haben sich verschiedene Klassen von Modellierungsmethoden herausgebildet, die jeweils einen guten Kompromiß zwischen Mächtigkeit in der speziellen Anwendungsdomäne und Einfachheit anstreben. Sie werden in sogenannten Meta-Modellen beschrieben. Ein Meta-Modell unterscheidet sich von einem normalen Modell dadurch, daß anstelle eines realen wirtschaftlichen Szenarios die Modellierungsmethode selbst Gegenstand der Modellierung ist.

Drei dieser Klassen sollen im folgenden kurz angesprochen werden[19].

Objektorientierte Meta-Modelle Die Gestaltungselemente der Methode sind entsprechend dem objektorientierten Paradigma gekapselt. Sie enthalten also neben den eigentlichen Daten auch das zu ihrer Verarbeitung notwendige Wissen. Es gibt keine zentrale Instanz für die Steuerung der Prozesse.

---

[19]s. auch Klassifikation und Beurteilungskriterien in [Sch95b, Abschnitt 3.2]

Objektorientierte Meta-Modelle eignen sich besonders zur Modellierung von Prozessen in verteilten Umgebungen mit einem hohen Grad an Parallelität. Ausgeprägte Interprozeßkommunikation läßt sich gut auf das Konzept des Methodenaufrufes abbilden.

Das Fehlen einer zentralen Steuerungskomponente macht sich negativ bemerkbar, wenn man zur Sicherung der Auskunftsbereitschaft gegenüber dem Kunden eine Tracking-Funktionalität[20] realisieren will.

Weniger geeignet sind die objektorientierten Modelle daher auch für schwach strukturierte Geschäftsprozesse. Diese werden auf Workflow-Ebene durch Adhoc-Workflows oder Workflows mit Anpassungen [Ald97, Kap. 3] realisiert. Hier stellt sich die Problematik des Umganges mit bereits instanziierten Objekten bei Änderungen an deren Objektbeschreibung.

Ein prominenter Vertreter der objektorientierten Meta-Modelle ist OMT[21] nach Rumbaugh [RBP+91] — für Geschäftsprozesse insbesondere um die Jacobson'schen Use Cases [JCJO92] erweitert. Zusammen mit Booch [Boo91] haben Rumbaugh und Jacobson ihre Methoden konsolidiert [Boo96] und ein weiteres Meta-Modell entwickelt, die Unified Modelling Language (UML) [UML97b, UML97c, Rat97]. Auch hier gibt es wieder eine Erweiterung für Geschäftsprozesse [UML97a]. An dem Erweiterungscharakter erkennt man, daß die objektorientierte Modellierung ursprünglich nicht zur Modellierung von Geschäftprozessen entwickelt wurde. Die aus dem Bereich der Softwareentwicklung stammende Methode ist erfahrungsgemäß für den am Modellierungsprozeß beteiligten Anwendervertreter oft nicht so intuitiv zugänglich.

Bei den semantischen Objektmodellen nach Ferstl/Sinz [FS96] wird „zur Modellierung von Geschäftsprozessen sowie zur Spezifikation von Anwendungssystemen durchgängig das Paradigma der Objektorientierung"[FS95] verwendet. Die Autoren versuchen jedoch durch die Integration „transaktionsorientierter Prinzipien zur Koordination zielgerichteter Objekte" und die Detaillierung der Aktivitäten in einer Leistungs-, Lenkungs- und Ablaufsicht die Brücke zu den konversationsorientierten und aktivitätenbasierten Modellen zu schlagen. Dem trägt auch die explizite Darstellung des strategischen Zielsystems der Unternehmung in einer Unternehmensplan-Ebene oberhalb der Geschäftsprozeß-Schicht Rechnung (Abbildung 2.8 auf Seite 24). „Den beschriebenen Vorteilen steht allerdings ein erhöhter Aufwand bei der Einarbeitung in den Modellierungsansatz gegenüber"[FS95], wie die Autoren selbst

---

[20]Unter Tracking-Funktionalität versteht man die Möglichkeit, den laufenden Status des Prozesses während dessen Ausführung jederzeit zu verfolgen. Die bekanntesten Beispiele sind die der Paketdienste UPS (www.ups.com/tracking/tracking.html) und Federal Express (www.fedex.com/track_it.html)

[21]Object Modelling Technique

Abbildung 2.8.: Im Ansatz semantischer Objekt-Modelle (SOM) werden Außensicht auf die Unternehmung sowie ihr strategisches Zielsystem in einer Unternehmensplan-Ebene explizit dargestellt.

einräumen. In dem Spannungsfeld zwischen Verständlichkeit und Mächtigkeit wurde letzterer hier klar der Vorzug gegeben, was die Methode für sehr spezielle Anwendungsfälle qualifiziert, bei denen diese Mächtigkeit voll ausgeschöpft werden kann. Für den „normalen" Anwendungsfall ist sie fast zu komplex.

Konversationsorientierte Meta-Modelle Im Vordergrund steht bei den konversationsorientierten Modellen die Kommunikation zwischen den beteiligten Akteuren. Der Einigungsprozeß zwischen den Prozeßpartnern wird hier explizit modelliert. Für diesen Abstimmungsprozeß sind Begriffe wie Kunden-Lieferanten-Beziehung (KLB) oder Transaktionskonzept im Gebrauch.

Damit eignen sich konversationsorientierte Meta-Modelle insbesondere zur Modellierung schwach strukturierter Prozesse, bei denen der genaue Prozeßverlauf erst während der Ausführung ausgehandelt wird (zum Beispiel CSCW[22]).

In der Methode von Action Inc. wird jeder Leistungsaustausch zwischen „customer" und „performer" in vier Phasen unterteilt [HB96, Abschnitt 2.1] :

Preparation Customer oder Performer machen der Gegenseite ein Angebot.

Negotiation In Verhandlungen wird der Umfang der vertraglichen Leistungen festgelegt und ein Vertrag geschlossen.

---

[22]Computer Supported Cooperative Work

Performance Der Performer erbringt die vertragsgemäße Leistung.

Acceptance Der Customer kontrolliert die erbrachte Leistung und macht eventuelle Mängel geltend.

In einer graphischen Darstellung der Methode würde sich die Komplexität von Prozessen dann auch sehr schnell in wandfüllenden Ellipsoid-Gebilden bemerkbar machen. Umgekehrt ließe sich die Verhandlungskomponente hier in seltener Deutlichkeit visualisieren.

Aktivitätenbasierte Meta-Modelle Der Aufbau von Geschäftprozessen aus einzelnen Aktivitäten und sie verbindenden Ereignissen steht im Mittelpunkt der aktivitätenbasierten Meta-Modelle. „Durch die Entwicklung geeigneter Kontrollflußkonstrukte in der Spezifikationssprache können auch komplexe Geschäftsabläufe beschrieben werden"[Sch95b].

Aktivitätenbasierte Meta-Modelle haben ihre Stärken bei gut strukturierten Prozessen, bei denen die Sicherstellung der jederzeitigen Auskunftsbereitschaft eine wichtige Anforderung ist.

Da Anpassungen zur Laufzeit nicht in dieses Konzept passen, erfordert die Modellierung aller Prozeßverzweigungen einen hohen Modellierungsaufwand, der sich nur bei „Massengeschäftsprozessen" lohnt. Diese Voraussetzung ist beim Neugeschäftsprozeß in der Lebensversicherung gegeben, weswegen mit ARIS Easy Design auch ein Vertreter dieser Kategorie ausgewählt wurde.

2.3.3. ARIS Easy Design

ARIS Easy Design ist ein Programmpaket aus dem Hause IDS Prof. Scheer GmbH. Ihm liegt die gleiche Philosophie, die ARIS-Architektur[23], wie dem „großen Bruder" ARIS Toolset zugrunde.

Dabei richtet es sich jedoch nicht nur an den professionellen Modellierer, sondern auch an den normalen Mitarbeiter, der damit in die Lage versetzt werden soll, die Prozesse seines Bereiches abzubilden. Durch die (im Rahmen dieser Arbeit nicht verifizierte) Möglichkeit des gegenseitigen Datenaustausches wird der Weg in eine „Sackgasse" vermieden. Die dezentral erstellten Modelle können unternehmensweit im ARIS Toolset konsolidiert werden.

---

[23]Genau genommen handelt es sich bei dem Begriff ARIS-Architektur um eine Tautologie, denn ARIS steht für „Architektur integrierter Informationssysteme". Da sich der Begriff jedoch in dieser Form eingebürgert hat, soll dem hier auch gefolgt werden.

2.3.3.1. Architektur integrierter Informationssysteme (ARIS)

ARIS ist ein Architekturkonzept, daß die Komplexität betrieblicher Geschäftsprozesse durch die Gliederung anhand zweier orthogonaler Kriterien handhabbar macht. Die *Sichtenbildung*[24] klassifiziert die Beschreibungselemente nach ihrer Semantik in Funktionen, Daten und Organisationseinheiten. Innerhalb der Klassen können dann mittels sichtenspezifischer Methoden die Beziehungen zwischen den Elementen dargestellt werden, ohne dabei zunächst auf die Beziehungen mit Elementen anderer Sichten Rücksicht nehmen zu müssen.

Ein *Phasenkonzept* spiegelt die in diesem Kapitel gezeigte Vorgehensweise wider und ermöglicht so „eine durchgängige Beschreibung von der betriebswirtschaftlichen Problemstellung bis hin zur technischen Umsetzung"[IDS97]. Dabei gelten die folgenden Entsprechungen:

Beschreibungsebene	Bezeichnung in ARIS
Geschäftsprozeßmodell	Fachkonzept
Workflowmodell	DV-Konzept
Workflow (Implementierung)	technische Implementierung

Insgesamt ergibt sich ein fünfstufiges Vorgehensmodell:

Fachkonzept: Vorgangsketten Zunächst werden die betriebswirtschaftlichen Abläufe in Vorgangsketten erfaßt. Darin wird der zeitliche Prozeßablauf durch Tätigkeiten und Ereignisse beschrieben sowie eine Zuordnung von Ressourcen zu Tätigkeiten vorgenommen.

Abbildung 2.9 auf Seite 27 stellt eine einfache Vorgangskette als Ausgangspunkt der Modellierung dar. Die gleiche Vorgangskette ist (ohne Berücksichtigung der Anwendungssysteme) als ereignisgesteuerte Prozeßkette in Abbildung 2.10 auf Seite 28 dargestellt. Dies ist eine andere gängige Form der Darstellung.

Fachkonzept: Analyse Die Komplexität der so gebildeten Vorgangsketten wird in der Analysephase durch Bildung von Funktions-, Daten- und Organisationssicht reduziert. Die Funktionssicht enthält alle Vorgänge[25] und Teilvorgänge. In der Datensicht werden alle Arten von Informationsträgern (Datenbanken, Dokumente, Ordner, etc.) gesammelt. Auch Ereignisse und der prozeßrelevante Umweltzustand werden in der Datensicht festgehalten. Der Organisationssicht werden schließlich alle Benutzer und Organisationseinheiten zugeordnet.

---

[24]s. hierzu den Punkt Analyse in diesem Abschnitt sowie Abbildung 2.10 auf Seite 28
[25]Die Begriffe *Vorgang*, *Funktion* oder *Tätigkeit* werden hier oft synonym verwendet.

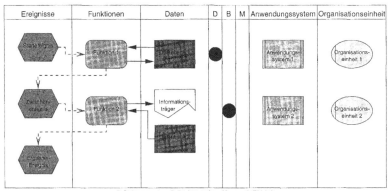

Ereignisse	Funktionen	Daten	D	B	M	Anwendungssystem	Organisationseinheit

D=Dialoganwendung, B=Batchanwendung, M=manuelle Tätigkeit

Abbildung 2.9.: Vorgangskette als Ausgangspunkt der Modellierung

Wichtig ist dabei, daß die drei Sichten disjunkte Teilmengen der Beschreibungselemente der ursprünglichen Prozeßkette darstellen. Wenngleich zur Beschreibung der Elemente mitunter ein Rückgriff auf die anderen Sichten notwendig ist, erlaubt das Sichtenkonzept doch die Strukturierung der Elemente jeder Sicht ohne Rücksicht auf die anderen Sichten.

Die Partitionierung der Prozeßkette in die drei Sichten ist in Abbildung 2.10 auf Seite 28 durch farbliche Hinterlegung kenntlich gemacht.

Die ARIS-Architektur sieht während der Sichtenbildung noch eine Ressourcensicht vor, um diese dann auf DV-Konzeptebene in die anderen drei Sichten zu integrieren. Es erscheint daher konsequenter, diese Sicht erst gar nicht zu entwickeln, sondern gleich den entsprechenden Sichten zuzuschlagen.

Fachkonzept: Synthese Auf den ersten Blick setzt man im Rahmen der Synthese einfach wieder zusammen, was man in der Analyse zerlegt hat. Auch das Ergebnis ist wieder die ursprüngliche Vorgangskette, hier meist in Form der ereignisgesteuerten Prozeßkette (Abbildung 2.10 auf Seite 28) dargestellt.

Dies gilt jedoch nur so lange, wie wir uns auf der Beschreibungsebene des Fachkonzeptes befinden. Auf DV-Konzept- und Implementierungsebene wird die Steuerungssicht um Schnittstellenkonzepte, APIs[26] und den funktionsübergreifenden Kontrollfluß zwischen den DV-Komponenten erweitert.

---

[26] Application Programming Interfaces – also die konkreten Schnittstellen für einzelne Applikationen

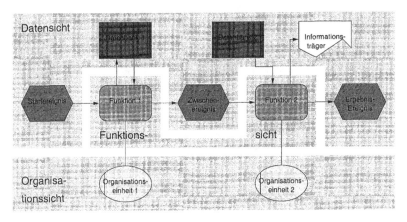

Abbildung 2.10.: Die Auflösung des Gesamtprozesses in Sichten (Sichtenbildung)

DV-Konzept Während das Fachkonzept eng an die betrieblichen Abläufe angepaßt wird und das Implementierungskonzept relativ eindeutig durch das DV-Konzept determiniert wird, ist der Schritt von der Fachkonzept-Ebene zum DV-Konzept relativ „groß" und läßt dem Modellierer einigen Gestaltungsspielraum. Dies wird verständlich, wenn man sich den Zweck der Beschreibungsebenen vor Augen führt. Das Fachkonzept hat den Charakter einer Spezifikation, die beginnend mit dem DV-Konzept realisiert wird.

Implementierung Die Implementierung legt die genaue Allokation der informationstechnischen und personellen Ressourcen fest. Während auf der DV-Konzeptebene noch von den konkreten technischen Gegebenheiten abstrahiert wird, wird hier die Anpassung der Modelle an die konkreten hard- und softwareseitigen Gegebenheiten durchgeführt. Idealerweise ließe sich also ein Wechsel von Soft- und/oder Hardware ohne Änderung auf Fachkonzept- oder DV-Konzept-Ebene durchführen.

Die fünf genannten Schritte müssen nicht sequentiell in dieser Reihenfolge durchlaufen werden. Vielmehr handelt es sich dabei um ein pragmatisches Vorgehen. Wenn beispielsweise ein Data Warehouse[27] entwickelt wird, steht vermutlich die Datensicht auf allen Beschreibungsebenen am Beginn und im Zentrum der Betrachtungen.

---

[27]Ein Datenbankkonzept, das der Gewinnung verdichteter operativer Daten zu Zwecken der Entscheidungsunterstützung dient.

Zu den bisher beschriebenen und diskutierten Sichten (Daten-, Funktions- und Organisationssicht) kommt als Bindeglied der Steuerungssicht eine zentrale Bedeutung zu. Diese vier Sichten werden prinzipiell unabhängig voneinander in Richtung DV-Konzept und technische Implementierung vorangetrieben.

Das Ergebnis läßt sich in sehr einprägsamer Form als stilisiertes Haus visualisieren (Abbildung 2.11 auf Seite 29)

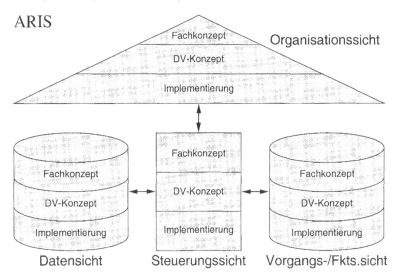

Abbildung 2.11.: Architektur integrierter Informationssysteme (ARIS) nach Scheer [Sch92, Abb. A.II.04]

2.3.3.2. Ereignisgesteuerte Prozeßketten

ereignisgesteuerte Prozeßketten Ereignisse lösen Funktionen aus und sind Ergebnisse von Funktionen. Durch das Hintereinanderschalten dieses Ereignis-Funktionswechsels entstehen sogenannte ereignisgesteuerte Prozeßketten. Eine ereignisgesteuerte Prozeßkette (EPK) zeigt den logisch-zeitlichen Ablauf eines Geschäftsprozesses. [IDS97].

Während wir mit dieser eher semantisch-informalen Definition mittlerweile bereits vertraut sind, wollen wir nun die Syntax einer EPK definieren. Die Definitionslücke[28] wurde in [LSW97] geschlossen:

> Eine ereignisgesteuerte Prozeßkette (EPK) ist ein gerichteter Graph
> (Die Parallelisierung von Prozessen und Funktionen trifft besser der
> Begriff des ereignisgesteuerten Prozeßnetzes (EPN)).
>
> • Er hat drei Arten von Knoten: Ereignisse, Funktionen, binäre[29]
>   logische Konnektoren (xor, and, or).
>
> • Alle Kanten verbinden zwei Knoten von jeweils unterschiedlichem
>   Typ.
>
> • Nur die logischen Konnektoren verzweigen, sie verbinden Ereig-
>   nisse mit Funktionen und vice versa.
>
> • Die Eingänge eines logischen Konnektors sind entweder alle vom
>   Typ Ereignis oder alle vom Typ Funktion, ebenso sind seine Ausgänge
>   entweder alle vom Typ Ereignis oder alle vom Typ Funktion.
>
> • Am Rand der EPK liegen nur Ereignisse. Es gibt mindestens ein
>   Start- und mindestens ein Zielereignis.

Von den in ARIS Easy Design angebotenen Symbolen wurden in dieser Arbeit die in Abbildung 2.12 auf Seite 31 mit ihrer dort angegebenen Semantik verwendet. Obwohl es sich beim Anwendungssystem eigentlich um ein Element handelt, das primär der Funktionssicht auf DV-Konzept-Ebene zuzurechnen ist, wurde es in den EPK verwendet für Systeme, die selbst nicht Gegenstand der aktuellen Modellierung sind.

2.3.3.3. Funktionszuordnungsdiagramme

Ein Funktionszuordnungsdiagramm ist inhaltlich eigentlich überflüssig. Es stellt eine Funktion und ihre Beziehungen zu den verwendeten bzw. produzierten Ressourcen sowie zu den involvierten Organisationseinheiten dar. Prinzipiell könnten diese Zusammenhänge genauso gut in einer EPK dargestellt werden. Aus Gründen der Übersichtlichkeit ist es jedoch oft ratsam, in der EPK nur die Funktion darzustellen und deren Verbindungen in ein eigenes Diagramm, eben ein Funktionszuordnungsdiagramm auszulagern.

---

[28]Scheer geht über obige Definition nicht hinaus.

[29]Knoten mit einem Eingangs- oder Ausgangsgrad von mehr als zwei können durch eine äquivalente Kombination binärer Konnektoren ersetzt werden. Die „Reduktion auf binäre Konnektoren verändert nichts an der Semantik der EPK, erlaubt aber die Beschränkung auf drei Grundelemente der Logik".

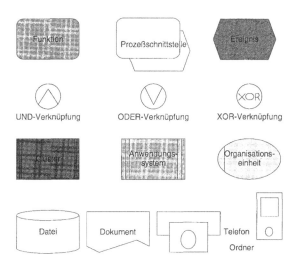

Abbildung 2.12.: Die Symbole aus ARIS Easy Design, soweit sie im Rahmen dieser Arbeit Verwendung finden.

2.3.3.4. Funktionsbäume

Ein gutes architektonisches Konzept betrachtet die Funktionen auf verschiedenen Abstraktionsebenen. Ausgehend von den Kerngeschäftsprozessen bis hinunter zu einfachen Tätigkeiten werden die Funktionen dabei soweit zerlegt wie durch die Zerlegung ein Informationsgewinn zu erzielen ist.

Ein Beispiel für solch einen Pfad könnte sein:

Produkte verkaufen → Lebensversicherungsprodukte verkaufen → Neugeschäft mit WWW → Angebote präsentieren/modifizieren → Angebot berechnen → Sammelversicherungskonditionen abrufen

Ein Funktionsbaum ist eine graphische Repräsentation dieser Funktionenhierarchie[30].

2.4. Workflows

Workflows sind „ausführbare Abbilder von Geschäftsprozessen"[Jab95b] oder, etwas ausführlicher „the automation of a business process, in whole or part, during

---

[30]Zwei Beispiele für Funktionsbäume finden sich in Anhang D.4.

31

which documents, information or tasks are passed from one participant to another for action, according to a set of procedural rules"[Wor96a].

Auch hier gilt, daß die Begriffsbildung noch nicht als gefestigt betrachtet werden darf. Auf diese Problematik machen sowohl [VB96b] für den wissenschaftlichen Bereich als auch [Hei97] für das Begriffsverständnis in der Praxis aufmerksam.

Workflows enthalten also dieselben Informationen wie die zugehörigen Geschäftsprozesse; diese müssen jedoch ergänzt und präzisiert werden, um die automatische Interpretation und Ausführung zu ermöglichen.

Dadurch werden Workflows so komplex, daß für eine verständliche Übersicht die getrennte Betrachtung einzelner orthogonaler Aspekte notwendig ist. Umgekehrt resultiert daraus auch ihre Mächtigkeit. „Da die Modellierung von Workflows alle Aspekte eines Anwendungssystems behandelt und nicht nur einzelne Aspekte, beispielsweise Kontrollfluß oder Datenfluß detailliert, kann aus dem Modell eines Workflows ein konzeptionelles Gesamtschema eines Anwendungssystems abgeleitet werden"[Jab95b].

Nach Jablonski [Jab95a] kann man den Betrachtungsraum in die folgenden Teilaspekte aufspalten:

Sachliche Aspekte beschreiben den Inhalt eines Workflows:

Funktionaler Aspekt Die auszuführenden Tätigkeiten in einem Workflow-Modell werden in *Vorgängen* oder *Workflows* beschrieben[31]. Diese sind in einer baumartigen Struktur[32] angeordnet. Dabei entspricht ein Toplevelworkflow der Wurzel, ein kompositer Workflow einem inneren Knoten und ein elementarer Workflow einem Blatt. Ferner werden Sub- und Superworkflows (hierarchisch über- bzw. untergeordnete Workflows) definiert. Die auszuführende Arbeit wird in den elementaren Workflows, die generell Applikationen referenzieren, beschrieben. Komposite Workflows referenzieren dagegen rekursiv Subworkflows.

Operationaler Aspekt *Applikationen* als Repräsentation elementarer Workflows erbringen die eigentliche Funktionalität in einem Workflow. Bei Applikationen kann es sich entweder um freie Applikationen, d.h. manuelle, nicht computergestützte Tätigkeiten handeln oder um Programme[33]. Als Programme kommen sowohl dedizierte Workflow-Programme

---

[31]Jablonski verwendet den Ausdruck Workflow einmal für das Gesamtmodell und andererseits hier rekursiv synonym zu Vorgang.

[32]Die Datenstruktur Baum ist z.B. in [CLR92, Man89] beschrieben.

[33]Entgegen dem normalen Sprachgebrauch wird als Folge der Orthogonalitätsforderung bezüglich der Aspekte bei Programmen noch keine Festlegung getroffen, ob das Programm rein maschinell oder durch eine Person ausgeführt wird.

in Frage, die die notwendigen Schnittstellen zum Workflow-Management-System schon mitbringen, als auch Legacy-Programme, deren Anbindung unter Zuhilfenahme von Wrappern[34] realisiert wird.

Verhaltensbezogener Aspekt Das Verhalten eines Workflows manifestiert sich in den *Kontrollflußkonstrukten.* Hier steht zum einen die ganze Palette programmiersprachlicher Konstrukte wie Sequenz (Hintereinanderausführung), bedingte (alternative Ausführung – case, cond, if) oder unbedingte Verzweigung (parallele Ausführung – fork) sowie Schleifen (while-do, repeat-until, for) zur Verfügung. Daneben ist aber eine Vielzahl anwendungsspezifischer Kontrollflußkonstrukte notwendig, um die Darstellung der Workflows nicht zu unübersichtlich werden zu lassen [Jab95b]. Diese sind teilweise vorgegeben. Darüberhinaus ist eine Makrodefinitionskomponente von besonderer Bedeutung. Damit lassen sich Syntax und Semantik von für die spezielle Anwendung entwickelten Makros beschreiben. Für die Darstellung der Semantik sind Zustandsübergangsdiagramme das Mittel der Wahl.

Je nachdem, ob die Alternativenwahl vorab determiniert ist und von Bedingungen gesteuert wird oder ob eine Menge äquivalenter Ausführungsfolgen unterstützt wird, aus denen zur Laufzeit frei gewählt werden kann, spricht man von präskriptiver bzw. deskriptiver Ablaufkontrolle [Jab95b].

Informationsbezogener Aspekt Der informationsbezogene Aspekt beschreibt den *Datenfluß.* Je nachdem, wozu die Daten dienen, unterscheidet man

- *Kontrolldaten*, die nur der Steuerung durch das Workflow-Management-System dienen,
- *Produktionsdaten*, die in den alleinigen Verantwortungsbereich der Applikationen fallen und schließlich
- *workflowrelevante Produktionsdaten*, die eine Zwitterstellung einnehmen. Sie dienen sowohl dem Datenaustausch zwischen den Applikationen als auch der Steuerung durch das Workflow-Management-System.

Eventuelle Typinkompatibilitäten der Daten werden mittels Prä- und Postkonvertierung ausgeglichen.

Organisatorischer Aspekt Der organisatorische Aspekt beschreibt die organisatorischen Objekte und ihre Beziehungen untereinander. Unter organisatorischen Objekten werden einerseits physische Objekte wie Per-

---

[34]Ein Wrapper ist eine Applikation, die das Legacy-Programm umhüllt und ihm mittels Parameter- und Aufruftransformation zur Kompatibilität mit dem Workflow-Management-System verhilft.

sonen, Maschinen, Prozesse, andererseits aber auch virtuelle Objekte wie Abteilungen, Rollen oder Arbeitsgruppen verstanden. Mit diesem generischen Konzept lassen sich beliebige Organisations- und Kommunikationsformen aufbauen.

Kausaler Aspekt Der kausale Aspekt beschreibt auf der abstrakten Ebene die organisatorischen und rechtlichen Gründe, die zur Spezifikation des Workflows in der jetzigen Form geführt haben. Somit ist der Anstoß zum Redesign bei Änderungen in diesen Gründen automatisierbar. Auf der Ebene der Instanzen werden Abhängigkeiten von Workflows beschrieben, die ein vorzeitiges Abbrechen von Workflows beim Wegfall der Voraussetzungen ermöglichen.

Technische Aspekte Technische Aspekte beschreiben Zusammenhänge, die der Ausführung der Workflows durch das Management-System dienen:

Historischer Aspekt Die Prozeßhistorie, d.h. die Protokolldaten, ermöglichen einerseits Korrekturmaßnahmen im Fehlerfall, andererseits können sie auch zu Steuerungszwecken verwendet werden. Ein Beispiel wäre die Präferenz bei der Rollenauflösung für den Mitarbeiter, mit dem der Kunde bereits zuletzt zu tun hatte. In [BS95] wird darüberhinaus darauf hingewiesen, daß die Erfüllung rechtlicher Verpflichtungen oder Qualitätsvereinbarungen wie der ISO9000-Zertifizierung weitere Gründe für die Speicherung der Prozeßhistorie sind.

Transaktionaler Aspekt Das Transaktionskonzept im Datenbankbereich ist sehr ausgereift. Die lange Dauer der Transaktionen sowie die Anforderung der automatischen Anstoßbarkeit von Ersatztransaktionen im Fehlerfall machen jedoch Anpassungen notwendig. Um diese realisieren zu können ist eine kontrollierte Lockerung der Anforderungen an die Transaktion notwendig[35].

2.4.1. Klassifikation

„In der Vergangenheit wurden Workflow-Systeme überwiegend in den Zusammenhang mit stark strukturierten Prozessen gebracht. Je stärker die Struktur eines Prozesses vorgegeben ist und je früher die Prozeßparameter festgelegt werden können, um so einfacher läßt sich die Durchführung der Prozesse automatisieren.

---

[35]Die ACID-Eigenschaften (Atomicity, Consistency, Isolation and Durability) lassen sich hier sinnvollerweise nicht fordern. Auf die ACID-Eigenschaften, deren Probleme bei langlaufenden Transaktionen und Lösungsansätze hierzu kann an dieser Stelle nicht näher eingegangen werden (siehe dazu [LKK93] und insbesondere [Loc95])

Andererseits wird durch die Beschränkung auf die Unterstützung dieser strukturierten Workflows das Anwendungsfeld stark eingeschränkt.
Mittlerweile gewinnen Ad-Hoc-Workflows und die Anpassungsfähigkeit bereits definierter Workflows zunehmend an Bedeutung. So sollen auch Prozesse gesteuert werden, deren Durchführung nicht vollständig oder gar nicht vordefiniert werden kann"[Jab95a].
In [WK96] wird daher in die im oberen Teil der Abbildung 2.13 auf Seite 36 gezeigten vier Workflow-Kategorien unterschieden:

Transaktions-Workflow Transaktions-Workflows entsprechen dem klassischen Verständnis von Workflows. Sie sind klar strukturiert und routinisierbar, verarbeiten ein hohes Mengenvolumen und ihre Definition ist mittelfristig stabil. Diese Eigenschaften rechtfertigen einen hohen Modellierungsaufwand[KSZ97][36].

Teilstandardisierter Workflow Bei diesen auch *flexible Workflows* genannten Abläufen wird vorab nur ein grobes Workflow-Gerüst definiert. Die genaue Ausgestaltung wird entsprechend dem in [KSZ97] beschriebenen Konzept der Negotiation Enabled Workflow (NEW) zur Laufzeit zwischen den Partnern ausgehandelt. Dies ermöglicht durch die Speicherung des bi- oder multilateral ausgehandelten Workflows insbesondere die Gewinnung von Wissen über schlecht strukturierte Prozesse und über Ausnahmebehandlungsverfahren.

Autonome Arbeitsgruppen Autonome Arbeitsgruppen verfolgen nicht mehr das Ziel, standardisierte Workflows (sei es zur Definitionszeit wie beim transaktionalen Modell oder zur Laufzeit wie bei den flexiblen Workflows) zu gewinnen. Vielmehr steht die Unterstützung bei der Ausführung unstrukturierter, einzelfallorientierter Workflows auf der Basis einer gemeinsamen Datenbasis im Vordergrund.

Ad-hoc-Workflow Von den autonomen Arbeitsgruppen unterscheiden sich diese Workflows im wesentlichen dadurch, daß die Daten nicht mehr in einer gemeinsamen Datenbank gehalten werden, sondern mittels e-mail oder allgemeiner store-und-forward-Techniken ausgetauscht werden. Damit geht insbesondere die Möglichkeit zur zentralen Statusabfrage von Workflows verloren.

---

[36]Der dort vorgeschlagenen Unterscheidung in die zwei Dimensionen „Häufigkeit der Ausführung" und „Routinisierbarkeit" kann nicht gefolgt werden, da die Merkmale eng korreliert, d.h. insbesondere nicht orthogonal sind.

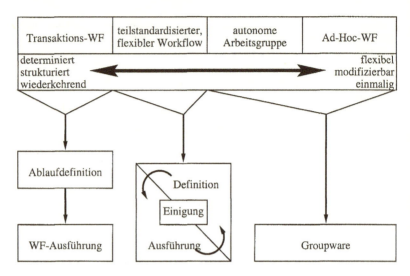

Transaktions-WF	teilstandardisierter, flexibler Workflow	autonome Arbeitsgruppe	Ad-Hoc-WF

Abbildung 2.13.: Zusammenfassende Darstellung der Workflow-Klassifikation anhand des von Kock, Rehäuser und Krcmar zusammengefaßten
Hilpert'schen Workflow-Kontinuums [WK96, Tabelle 8] sowie
gängige Unterstützungssyteme nach Krcmar, Schwarzer und Zerbe [KSZ97]

2.4.2. Vom Geschäftsprozeß zum Workflow

Während die Geschäftsprozeßmodellierung eher von den betriebswirtschaftlichen
Inhalten geprägt ist, ist das Workflowmanagement in erster Linie eine Informatik-
Disziplin. Nachdem die Entwicklungen in beiden Bereichen mittlerweile eine ge-
wisse Konsolidierung der jeweiligen Methodik erkennen lassen, wendet man sich
nun in der Forschung der medienbruchlosen Verbindung von Geschäftsprozeß- und
Workflowmodellierung zu.

„Erste Ansätze im Bereich Workflow-Management versuchten, ein gemeinsames
Modell für beide Aufgabenstellungen anzubieten; dieses sollte sowohl zur Verständ-
nisbildung als auch als Implementierungsvorlage dienen. Mittlerweile hat man erkannt, daß diese beiden Anliegen nicht verschmolzen werden können. Daher strebt
man eine Abbildung von Modellen für Geschäftsprozesse auf Modelle für Workflows an"[Jab95a, S. 89/90].

Als nachteilig muß die Tatsache angesehen werden, daß es sich bei der hier beschriebenen Abbildung um eine „Einbahnstraße" handelt. Komplexer, jedoch langfristig erfolgversprechender, ist der in Abschnitt 2.1 geschilderte integrierte Ansatz (Abbildung 2.4 auf Seite 12).

Momentan bleibt festzuhalten, daß es sich hierbei um ein Gebiet handelt, daß noch Gegenstand intensiver Forschungsbemühungen ist. Beispielhaft sei das inzwischen abgeschlossene Projekt ContAct [GHS95] genannt. In diesem Projekt wurde ein Kreislaufmodell entwickelt [GS95, Abb. 2], das ebenfalls den integrierten Ansatz verkörpert.

2.5. Workflow-Management-Systeme (WfMS)

In [EKO96] wird die zur Entwicklung von Workflow-Management-Systemen führende Problemstellung genannt. Steigende Ausgaben für Informationstechnik ziehen keine entsprechenden Produktivitätsfortschritte nach sich. Vielmehr ist mitunter sogar ein Rückgang festzustellen, was mit dem Begriff „Produktivitätsparadoxon" beschrieben wird. Diesem Dilemma kann nach heutiger Auffassung nur durch die Einführung einer prozeßorientierten Modellierung begegnet werden. Dabei wird die Ablaufsteuerung aus den einzelnen Applikationen herausgelöst und auf Workflow-Management-Systeme transferiert.

Auf diese Weise können die Unternehmen einen Wettbewerbsvorteil[37] realisieren: „The success of WfMSs has been driven by the need for businesses to stay technologically ahead of the ever-increasing competition in typically global markets"[MPS+97].

Änderungen an den Geschäftsprozessen, die vom Markt in immer schnellerem Rhythmus gefordert werden, sollen im Idealfall durch Änderungen in der Workflowschicht ohne Eingriff in die Applikationen realisiert werden können.

So wird auch der Vorteil von Workflow-Management-Systemen in [BS95] darin gesehen, daß sie „verschiedene, gut strukturierte, arbeitsteilige, und zielgerichtete Abläufe unter eigener Kontrolle durchführen, koordinieren, überwachen und ihren Wert für das Unternehmen in der hohen Flexibilität insbesondere gegenüber Änderungen der Abläufe, der Organisation, herrschender Regeln und durchzuführender Aufgaben begründen".

2.5.1. Definition und Abgrenzung

*A **Workflow Management System** is a system that defines, creates and manages the execution of workflows through the use of software, running on one or more workflow engines, which is able to interpret*

---

[37]Der Wettbewerbsvorteil schwindet natürlich in dem Maße, in dem die Mitbewerber über die gleiche Technik verfügen. Daher ist eine schnelle Einführung entscheidend.

*the process definition, interact with workflow participants and, where
required, invoke the use of IT tools and applications*   *[Wor96a]*

Die von Jablonski in [Jab95a] favorisierte Definition nach McCarthy/Bluestein
sprengt durch ihren Umfang schon fast den Definitionscharakter, enthält aber dennoch nicht den Verteilungsaspekt der obigen Definition („running on one or more
workflow engines"):

„Workflow management software is a proactive computer system which manages the flow of work among participants, according to a defined procedure consi-
sting of a number of tasks. It co-ordinates user and system participants, together
with the appropriate data resources, which may be accessible directly by the system or off-line, to achieve defined objectives by set deadlines. The co-ordination
involves passing tasks from participant to participant in correct sequence, ensuring
that all fulfil their required contributions, taking default actions when necessary".

In [Sie95, WK96] wird eine auf [Wei94] zurückgehende Differenzierung bezüglich
der Verteilung der Ablaufsteuerung zwischen Benutzer und Workflow-Management-
System beschrieben. Danach gibt es

- *Verkehrspolizisten,* die die Ausführung steuern und kontrollieren,

- *Steuermänner,* die dem Bearbeiter mit Anleitung und Führung zur Seite
  stehen und

- *Assistenten,* die sich auf die Weitergabe von Informationen und Empfehlungen beschränken.

In [ScBo96] werden vier Generationen von Workflow-Management-Systemen
(WfMS) unterschieden:

WfMS der 1. Generation Diese „Pseudo-WfMS" oder „hard-wired" WfMS sind
die Legacy-Applikationen, bei denen meist nur ein einziger Vorgangstyp bearbeitet werden kann. Die Ablauflogik ist dabei implizit in die Applikation
codiert. Als Beispiel wird ein Software-System zur Bearbeitung von Schadensfällen bei Versicherungen genannt.

WfMS der 2. Generation Die in den WfMS der 1. Generation implizit enthaltene Ablauflogik ist hier expliziert und statt dessen mit den Mitteln einer
Workflow Definition Language (WDL) definiert.

WfMS der 3. Generation Die Vorteile der Datenbanktechnik wie Sicherheit und
Transaktionskonzept erschließen sich den WfMS der 3. Generation. Während
manche Systeme in der Praxis die Datenbank nur zur Sicherung der Log-
Daten verwenden, verwalten andere die auszuführenden Workflows mit ihren
Protokoll- und Kontrolldaten innerhalb der Datenbank.

WfMS der 4. Generation WfMS der 4. Generation arbeiten nach dem Client/Ser-
ver-Prinzip, unterstützen die Interoperabilität von Vorgängen und Vorgangs-
typbeschreibungen zwischen heterogenen Systemen [BS95] und ermöglichen
die Verwendung normierter, verteilter Objekt-Management-Systeme wie sie
etwa von der Object Management Group (OMG) forciert werden. Die Verwirklichung dieser Anforderungen, die heute noch von keinem System realisiert werden, hieße Konformität gemäß WfMC auf Level 6[38].

Historisch sind Workflow-Management-Systeme aus dem Zusammenwachsen
von vier verschiedenen Systemklassen[39] entstanden [Sch95b]:

Operative Anwendungen Diese sind durch die Vermischung von Ablaufsteuerung
und Anwendungsfunktionalität in herkömmlichen Programmsystemen gekennzeichnet (die oben erwähnten WfMS der 1. Generation).

Dokument-Management-Systeme Die Ablösung von Papier durch Daten steht
bei diesen Systemen im Mittelpunkt. Scannen und elektronisches Verteilen
der Eingangspost, papierarme Bearbeitung sowie Weiterleitung entsprechend
der Bearbeitungskette sorgen für eine schnellere Bearbeitung. Elektronisches
Archivieren rettete viele Archive vor dem durch die papierne Datenflut entstehenden Kollaps.

e-mail-Systeme Funktionale Erweiterungen bestehender e-mail-Anwendungen konnten die Steuerung kommunikationsintensiver, aber schwach strukturierter
Abläufe unterstützen.

Integrierte Bürosysteme Der Datenaustausch zwischen Applikationen (z.B. Text-
verarbeitung und Tabellenkalkulation) und zwischen Benutzern ließ komplexe Bürosysteme entstehen.

Die aus diesen Systemen hervorgegangenen Workflow-Management-Systeme
werden auch als derivative WfMS bezeichnet. Originäre Systeme wurden speziell zum Zweck der Vorgangssteuerung neu entwickelt. Daher ist die Abgrenzung
von WfMS zu den vier genannten Systemen nicht immer eindeutig möglich.

2.5.2. Workflow Management Coalition (WfMC)

Die Workflow Management Coalition [Tat97] ist eine 1993 gegründete Non-Profit-
Organisation, die sich die Förderung des Einsatzes von Workflow-Management-
Systemen durch Standardisierung auf ihre Fahnen geschrieben hat.

---

[38]siehe Abschnitt 2.5.2
[39]Eine andere Einteilung der Vorläufersysteme findet sich in [WK96].

Dazu hat sie ein Referenzmodell eines Workflow-Management-Systems entwickelt, daß in [Hol94] beschrieben ist. Klar herausgearbeitete Schnittstellen[40] zwischen den das Management-System ausmachenden Komponenten sollen die Interoperabilität heterogener Komponenten ermöglichen. Sowohl die Komponenten als auch die Schnittstellen sind in Abbildung 2.14 auf Seite 40 dargestellt.

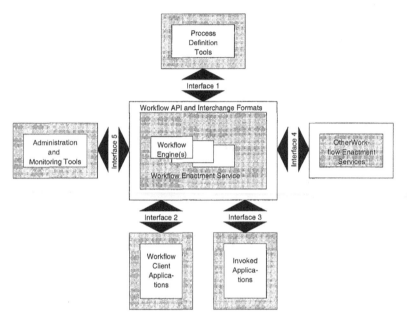

Abbildung 2.14.: Das Workflow-Referenz-Modell der Workflow-Management-Coalition: Komponenten und Schnittstellen [Hol94, Fig 6]

Während das Referenzmodell in der Literatur weitgehend akzeptiert wird, haben die Bemühungen, mit einem „Terminology & Glossary" genannten Dokument [Wor96a] einen einheitlichen Sprachgebrauch zu forcieren, noch nicht zu der wünschenswerten Begriffskonsolidierung geführt.

Um den Anbietern von Workflow-Management-Systemen die Anpassung ihrer

---

[40]Insbesondere ist keine direkte Kommunikation zwischen externen Komponenten vorgesehen, sondern nur die Kommunikation mit dem WfMS-Kern, dem Enactment Service (s. auch [Jab95b], der allerdings andere Schnittstellen definiert.).

Systeme an die Standards zu erleichtern, wurden verschiedene Grade der Interoperabilität definiert. Die Bandbreite reicht von der schlichten Koexistenz verschiedener Workflow-Management-Systeme auf einer Plattform (Level 1), dem Austausch von Tätigkeiten (Level 2), gemeinsamen APIs[41] (Level 2A - Level 4) oder Workflowdefinitionen (Level 5) über die vollständige Protokollkompatibilität (Level 6) bis hin zum gemeinsamen Look and Feel (Level 7). Dies ermöglicht zwar den Anbietern den schrittweisen Anpassungsprozeß ihrer Produkte, macht aber das Marketing-Label „Unterstützung der WfMC-Standards" ohne Angabe des Levels relativ wertlos. „Ein Gütesiegel, verbunden mit einer Zertifizierung durch die Workflow Management Coalition, könnte zu mehr Transparenz und Sicherheit beim Kunden führen"[WK96].

Die zentrale Rolle spielt der *Workflow Enactment Service*. Er übernimmt das Schnittstellenmanagement und steuert eine oder mehrere *Workflow Engines*. Diese sind für die eigentliche Ablaufsteuerung der Workflows verantwortlich.

Mittels der *Process Definition Tools* werden Workflows definiert und über das Interface 1 an die Enactment Services zur späteren Ausführung übergeben. Diese Phase wird auch Build-Time genannt im Gegensatz zur Run-Time, in der die restlichen Schnittstellen von Bedeutung sind. Durch die Einführung von Ad-Hoc-Workflows verwischen sich die Grenzen zwischen Run- und Build-Time allerdings zusehends.

Über die Schnittstellen 2 und 3 erfolgt der Kontakt zu den Applikationen. Dabei wird zwischen den *Workflow Client Applications* (Interface 2), an deren Ausführung ein oder mehrere Personen beteiligt sind, und den *Invoked Applications* (Interface 3) unterschieden, die ohne jeden manuellen Eingriff ablaufen können.

Interface 4 beschreibt die Zusammenarbeit mit Workflow Enactment Services anderer Hersteller (*Heterogeneous Workflow Enactment Services*).

Über das Interface 5 ist schließlich der Anschluß von *Administration and Monitoring Tools* möglich, also Komponenten zur Verwaltung von Benutzern, zum Rollenmanagement, zum Protokollieren von Log-Daten, zur Überwachung und zum Eingriff im Fehlerfall.

2.6. WWW und das Internet als Enabler

Während das Internet im akademischen Bereich schon auf eine lange Tradition zurückblicken kann, machte erst das World Wide Web den Weg frei für die Internetnutzung im privaten und kommerziellen Bereich. Der Hauptgrund für den spektakulären Erfolg des World Wide Web (WWW) ist die leicht zu bedienende Oberfläche. Die Möglichkeit, ohne das Erlernen einer Abfragesprache an Informa-

---

[41]Application Programming Interfaces

tionen zu kommen, machten das Internet als Massenmedium attraktiv und verhalfen neben dem WWW auch dem Internet als der dazugehörigen Basisinfrastruktur zum Erfolg.

Diese Entwicklungen veränderten die Zeit- und Kostenstruktur für Telekommunikation in erheblichem Maße, was „ein Überdenken und vielfach eine Neuorganisation der inner- und überbetrieblichen Geschäftsprozesse [erforderlich mache]. Insbesondere stellt sich die Forderung nach einer Verknüpfung von Workflow-Management-Systemen und der neuen Kommunikationsinfrastruktur"[EGL96].

Die wichtigsten Gesichtspunkte hierbei sind Zeit, Kosten und Qualität [Küh94] oder etwas ausführlicher:

User Interface Eine einheitliche graphische Oberfläche ermöglicht es auch wenig computer-affinen Personen, sich multimediale Inhalte mit wenigen Mausklicks erschließen zu können.

Der Benutzer, der ja meist den Anstoß für einen Geschäftsprozeß gibt, ist dadurch in der Lage, „den Prozeß auch selbst mittels einer geeigneten Schnittstelle zu starten"[EGL96]. Dabei übermittelt er im Gegensatz zum EDI[42] nicht nur die notwendigen Daten, also beispielsweise eine Bestellung, sondern initiiert darüberhinaus die Bearbeitung der Daten, indem er den zugehörigen Geschäftsprozeß, im Beispiel also die Bearbeitung der Bestellung, auf dem Rechner des Auftragnehmers selbst auslöst [LKSS96].

Wie der Kommunikationsprozeß technisch ablaufen kann, wird in [BHJ+96] beschrieben (Abbildung 2.15 auf Seite 43). Der Nutzer stellt über seinen WWW-Browser eine formularbasierte Anfrage (1), der WWW-Server reicht die eingegebenen Daten an ein CGI-Skript weiter (2). Dieses kommuniziert mit dem WfMS in dessen Sprache (3,4) und gibt die Antwort an den Server zurück (5). Schließlich erhält der Browser des Anwenders ein HTML-Dokument als Antwort[43].

Das WWW stellt nach [GW96] von Haus aus das passive Extrem in punkto Benutzerführung[44] dar, während derzeit die meisten Workflow-Management-Systeme in der Praxis eher dem starren Typus „Verkehrspolizist" (s. Abschnitt 2.5.1) entsprechen. Es stellt sich daher „the fundamental question as to whether process programs should attempt to prescribe the ordering of the

---

[42]Electronic Data Interchange
[43]Die Autoren haben weniger den Dialog zwischen Kunden und Unternehmen als vielmehr den zwischen Sachbearbeiter und Unternehmen vor Augen. Bei der dort notwendigen Verwaltung von Arbeitslisten stellt sich die einseitig vom Client angestossene Verbindung als nachteilig heraus (passive Benutzerschnittstelle), weswegen die Autoren eine java-basierte Lösung für aktive Benutzerschnittstelen präsentieren.
[44]Mittels der Eingabe einer URL und ggf. der Aufrufparameter kann man jede beliebige Stelle in irgendeinem Prozeß direkt anspringen.

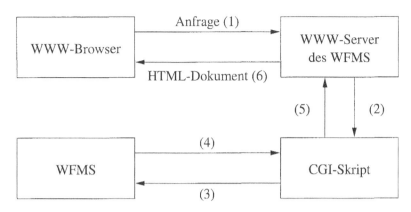

Abbildung 2.15.: Realisierung passiver Benutzerschnittstellen zwischen WWW und WfMS

possible actions of a user or whether it should allow free access to any action, merely intervening to ensure team processes are not disrupted beyond some prescribed boundaries."[GW96]. Die Autoren liegen mit ihrer Tendenz zu letzterem im Trend hin zu mehr Flexibilisierung und Ad-Hoc-Workflows.

Die Hyperlink-Technik erlaubt es allen Prozeßbeteiligten, direkt den Verweisen auf die Prozeßbeschreibung sowie auf die anderen prozeßbeteiligten Akteure und Ressourcen zu folgen [EGL96] und sich damit einen Gesamtüberblick über den Prozeß zu verschaffen. Dies birgt jedoch auch Konfliktpotential, denn im mittleren Management ist mancher durchaus zufrieden damit, daß „people near the front lines lack the broad perspective that reengineering demands. Their expertise is largely confined to the individual functions and departments that they inhabit. [...] some of the affected middle managers will correctly fear that dramatic changes to existing processes might diminish their own power, influence, and authority"[HC94, S. 208].

Zeit „Es gilt im groben Durchschnitt als gesichert, daß im Büro die gesamte Durchlaufzeit zu ca. 90% aus Liegezeit, 7 bis 8% Transportzeit und nur zu 3-5% aus Bearbeitungszeit besteht"[Krü94, S. 125].

Es ist also ein enormes Rationalisierungspotential vorhanden. Das Internet bietet die Möglichkeiten, die Prozesse enorm zu beschleunigen[45]. Das par-

---

[45]Prinzipiell sind diese Effekte auch ohne das Internet mit herkömmlichen Telekommunikationstechniken erzielbar. Jedoch ist deren Benutzung in vielen Fällen unwirtschaftlich.

allele Abarbeiten verschiedener Zweige eines Workflows wird unterstützt. Transportzeiten fallen bei elektronischer Datenübermittlung praktisch nicht an. Die gleichzeitige Bearbeitung von Prozeßschritten auf denselben Daten ist mittels konsistent replizierter Daten unproblematisch.

Der Hauptposten Liegezeit ist jedoch nur zum Teil durch Parallelisierung, sondern vielmehr hauptsächlich durch Schnittstellenabbau zu reduzieren[46].

Ein ganz anderer Zeitfaktor ist die Einarbeitungszeit der Mitarbeiter auf die Systeme. Je komplexer ein System ist und je öfter irgendwelche Änderungen an den Abläufen vorgenommen werden müssen, desto eher fallen die direkten Schulungszeiten und die indirekten Zeitverluste durch Arbeitsausfall und Eingewöhnung ins Gewicht. Hier kann durch Verwendung der in den Unternehmen meist ohnehin vorhandenen WWW-Browser mit ihrer bekannten Oberfläche die Schulung auf die fachlichen Aspekte beschränkt werden.

Im Moment ist der Durchsatz im Internet nicht immer gut genug, um Realzeitanforderungen (Telefon, Video, Dialogverarbeitung) adäquat zu unterstützen. Trotz exponentiell steigender Kapazitäten der internationalen Kommunikationsnetze sind diese noch ein Engpaß, da sowohl die Benutzerzahlen als auch infolge immer neuer multimedialer Dienste die Menge der Daten je Benutzer im Steigen begriffen sind.

Kosten Die oben erwähnte Beschränkung der Schulung auf die applikationsrelevanten Inhalte aufgrund der bekannten Oberfläche führt bei der Einarbeitung natürlich neben dem Zeit- auch zu einem Kostenvorteil.

Auf Clientseite ist keine Installation für die Workflowbearbeitung nötig[47]. Insbesondere fallen auf dem Client auch keine Wartungskosten an.

Eher indirekt ist die Kostenersparnis durch Dienstintegration über das Internet. Hier liegt die Ersparnis nicht in einem Weniger an Kommunikation, sondern darin, daß jede beliebige Kommunikation, von der e-mail bis zum Telefonat über das eine Medium möglich ist. Während die Zugangs- und/oder Nutzungsgebühren für manche Telekommunikationsdienste fast schon prohibitiven Charakter haben, ermöglicht das Internet nun die Abwicklung aller Protokolle über einen Netzzugang und damit den kostengünstigen Datenaustausch auch über Unternehmensgrenzen hinweg.

Somit wird der überbetriebliche Einsatz von Workflow-Management-Systemen auch für kleine und mittlere Unternehmen (KMU) wirtschaftlich vertretbar.

---

[46]Dies ist vom Internet/WWW unabhängig. Es wäre lediglich denkbar, daß das Internet die informationstechnischen Voraussetzungen für eine case-worker/-team-Bearbeitung schafft.
[47]abgesehen von dem Browser, von dem unterstellt wird, daß er ohnehin vorhanden ist.

Bezüglich paketvermittelter Dienste ist dieses Szenario bereits Realität. Bei Echtzeitdiensten wie Telefon oder Videokonferenz — die jedoch eher im Groupwarebereich als im Umfeld von Workflow-Management-Systemen zum Einsatz kommen — läßt die Qualität noch einige Wünsche offen[48].

Verfügbarkeit und Sicherheit Browser sind allgegenwärtig („ubiquitous nature of Web browsers"[MSKP97]). Es ist keine Installation des Workflow-Management-Systems auf dem Client notwendig, weswegen diese Oberfläche insbesondere mobil Tätigen entgegenkommt. Sie können jetzt weltweit von jedem Browser aus tätig werden[49].

Mit der Verfügbarkeit des Internet-Dienstes (Availability als ein Quality-of-Service-Aspekt) steht es lange nicht so gut, was in der anarchischen Struktur des Internets begründet ist. Solange man also seine Kommunikation nicht über eigene Netze oder durchgeschaltete Leitungen abwickelt, ist man auf den Service von Personen und Organisationen angewiesen, mit denen man meist in keinem Vertragsverhältnis steht.

Sicherheit im Internet wird in Abschnitt 3.5 näher behandelt. Nicht ausreichende Datensicherheit ist noch immer das Haupthindernis für den Austausch geschäftlicher Daten über das Medium Internet. Solange e-mails mit kommerziellem, vertraulichem Inhalt noch fast ausschließlich weder signiert noch verschlüsselt übertragen werden, wird sich daran auch nicht viel ändern, wenngleich die jüngste Einführung einiger Sicherheitsprotokolle durchaus vielversprechend ist.

Wenn man sich gängige Workflow-Management-Systeme in der Praxis ansieht, kann man feststellen, daß die meisten bereits eine WWW-Oberfläche anbieten. Im Hinblick auch auf die Unterstützung der vom WfMC (s. Abschnitt 2.5.2) definierten Schnittstellen zur Unterstützung der Interoperabilität heterogener Workflow-Management-Systeme wäre es dagegen wünschenswert, wenn sich auch die WfMS-Infrastruktur der Internet-Technik bedienen würde. Aus diesem Grund unterscheiden [MSKP97] in web-enabled und web-based WfMS:

Web-enabled WfMS Die Unterstützung beschränkt sich auf die Oberfläche. Für die darunterliegende Kommunikation werden zumindest auch andere Techniken (z.B. CORBA[50]) eingesetzt.

Web-based WfMS WWW-Technologie ist die einzige Infrastruktur, die bei diesen WfMS zur Anwendung kommt.

---

[48]Über den derzeitigen Stand von Telefon/Fax über das Internet informieren u.a. die Artikel [Fab97, Hüs97, Wil97, ZM97], Streaming Video im Internet wird in [Kun97] beschrieben.
[49]falls die Security-Policy der Firma dies zuläßt.
[50]Common Object Request Broker Architecture

Web-based WfMS sind derzeit noch Gegenstand der Forschung. Es existieren derzeit jedoch schon erste Systeme, z.B. METEOR$_2$ [MPS+97]

3. Das Internet aus Versicherungssicht

3.1. Bedeutung des Internet für die Versicherungswirtschaft

Das Internet ist ein neues Medium, mit dem sich inzwischen jedes größere Unternehmen — also auch jeder Versicherer — gedanklich auseinandersetzen muß. In [Gra96, Abschnitt 2.2.1] werden branchenunabhängig die Gründe für bzw. gegen ein eigenes Angebot im Internet untersucht. Umfangreiche Statistiken über die Internet-Nutzung in Unternehmen finden sich darüberhinaus in [Gri96].

Welche Bedeutung hat das Internet darüberhinaus speziell für Versicherungsunternehmen? Neben der Erschließung neuer Kundenpotentiale sind die Verbesserung der Servicequalität und allgemein der Gewinn an Image und Erfahrung zu nennen. Abschließend wird das Internet als Teil des Marketing–Mix eines Versicherers eingeordnet.

3.1.1. Erschließung zusätzlicher Kundenpotentiale

Das Internet stellt aus Sicht des Versicherers einen zusätzlichen Vertriebs- und Servicekanal dar, der die betriebseigenen (Außendienstangestellte, haupt- und nebenberufliche Einfirmenvertreter) wie die betriebsfremden Absatzorgane (Mehrfirmenvertreter, Makler) sowie den Direktvertrieb ergänzt. Inhaltlich ist er dem klassischen Direktvertrieb recht verwandt, bietet jedoch gegenüber den „monomedialen" Distributionskanälen Telefon und Brief neue, multimediale Gestaltungsfreiräume.

Das Image des Versicherungsvertreters ist in Deutschland suboptimal. Branchenfremde, die nach Crash–Kursen von wenigen Tagen zum Versicherungsberater ernannt wurden, haben ebenso in den Köpfen der Kunden ihre Spuren hinterlassen wie Strukturvertriebe mit ihren aggressiven Verkaufsmethoden. Vor einigen Jahren hat die Versicherungswirtschaft hier reagiert und das Berufsbildungswerk der Deutschen Versicherungswirtschaft e.V. gegründet. Seither werden alle neuen

Mitarbeiter nach einheitlichen Mindeststandards geschult. Dennoch ist die Gruppe derjenigen, die den traditionellen Außendienst–Vertriebsschienen skeptisch gegenüberstehen, noch immer groß. Es muß daher Ziel der Versicherungsunternehmen sein, diese Klientel für sich zu erschließen. Dafür ist das Internet neben Telefon und Brief ein geeignetes Medium.

Eine weitere, sehr attraktive Zielgruppe, stellen die Kunden mit starker Affinität zu technischen Neuerungen dar. Für diese Interessenten ist die Verwendung der neuesten technischen Errungenschaften durch den Versicherer ein Wert an sich, der im Einzelfall sogar andere Entscheidungskriterien wie Preis, Produkt- und Servicequalität in den Hintergrund treten lassen kann. Dies ermöglicht den Vorreitern erhöhte Deckungsbeiträge für den Zeitraum der Alleinstellung im Markt[1]. Im Gegensatz zu den „Nachzüglern" können diese Unternehmen wenigstens einen Teil der Entwicklungskosten kurzfristig erwirtschaften.

In verschiedenen Studien wurde unter anderem die demographische Struktur der Internet-Nutzer untersucht. Dabei stellte sich heraus, das diese mit der Hauptzielgruppe von Versicherungen weitestgehend übereinstimmt. Auf den deutschen Markt bezogen ist beispielsweise die Studie der MC Informationssysteme [MCI95](siehe auch [Kal95]). Danach verfügt jeder dritte „Online–Haushalt" über ein Einkommen von mehr als 5000 DM monatlich. Zwei Drittel der Nutzer sind zwischen 21 und 40 Jahre alt[2]. Zwei andere deutsche Studien wurden in [FAZ96] verglichen. Danach ist der „Otto-Normal-Surfer" 29 Jahre alt und erst seit weniger als einem Jahr online. International ist wohl die „GVU WWW User Surveys" am bekanntesten[3]. Danach sind die europäischen Nutzer männliche Twens (80% männlich, 45,8% zwischen 21 und 30 Jahren). Sie haben zum Großteil eine akademische Ausbildung. Rund ein Viertel hat ein sechsstelliges DM–Haushaltseinkommen.

Der Aufbau einer Außendienstorganisation ist gleichermaßen langwierig wie kostspielig. Das Internet kann einem Versicherungsunternehmen auch in solchen Gebieten eine Präsenz verschaffen, in denen es (noch) keine Außenorganisation hat. Somit dient es der Erweiterung des Geschäftsgebietes – auch über die Landesgrenzen hinweg (Auslandspräsenz).

3.1.2. Verbesserung der Servicequalität

In Deutschland waren Versicherungsprodukte durch die Restriktionen der Versicherungsaufsicht stark standardisiert. Auch wenn die Lockerungen der Aufsicht

---

[1]Einen sehr prägnanten Beweis dieser These liefert der Vergleich der Konditionen im Telefonbanking von 1994 [War94] mit den heute üblichen Preisen. Die ersten Institute konnten von ihren Kunden damals sogar noch eine Gebühr für den Zugang zum Telefonbanking verlangen!

[2]Interessanterweise ist die Altersstruktur bei T-Online und Compuserve anders. Bei beiden Diensten haben die mittleren Alter (31–50 Jahre) mit jeweils rund zwei Dritteln die Oberhand.

[3]Im Anhang A sind Auszüge aus den demographischen Untersuchungen aufgeführt.

im Zusammenhang mit der Harmonisierung des EU–Binnenmarktes mittlerweile eine Tendenz zur stärkeren Produktdifferenzierung mit sich brachten, so werden die Angebote der verschiedenen Versicherer vom Kunden doch meist noch als austauschbar empfunden. Andererseits sind die Verbraucher heute infolge intensiver Berichterstattung in Medien und Fachpresse sehr viel informierter als früher. Somit spielt sich derzeit meist ein intensiver Wettbewerb über Preis und Service ab. Die Bereitschaft der Kunden, mit einem Vertrag von einem Versicherer zu einem anderen zu wechseln, nimmt zu. In Zeiten abnehmender Kundenloyalität bietet das Internet die Chance einer engeren Kundenbeziehung.

Eine Möglichkeit der Bindung von Kunden bzw. Interessenten ist die Generierung von Mehrwerten. Bei einem Kfz–Versicherer könnte dies eine Gebrauchtwagen-Preisermittlung sein, bei einem Lebensversicherer die Kurse relevanter Geldanlagen oder eine Rentenschätzung. Es handelt sich also abstrahierend um eine Dienstleistung außerhalb des eigentlichen Versicherungsproduktes, die dieses jedoch optimal ergänzt.

Der Vertrieb über eine personale Vertriebsorganisation stellt zwangsläufig eine zusätzliche Indirektionsstufe dar. Nachrichten werden zwischen Versicherungsunternehmen und Versicherungsnehmer im besten Falle gefiltert[4], im Einzelfall sogar verfälscht[5]. Die unter Wettbewerbsgesichtspunkten erforderliche schnelle Reaktion auf Kundenwünsche und -beschwerden ist daher schwieriger als bei direkter Kommunikation. Mit guter Markt- bzw. Marketingforschung läßt sich dieses Defizit jedoch eventuell (teil)kompensieren.

Ein ähnliches Ziel kann mit der Implementation eines Beschwerdekanals im Internet verfolgt werden. Die Hemmschwelle für den Kunden, eine e-mail zu senden oder ein entsprechendes WWW-Formular auszufüllen, ist geringer als beim Schreiben eines Briefes. Umgekehrt erwartet der Versicherungsnehmer bei einem schnellen Medium auch prompte Antwort. Das Beschwerdemanagement muß bei einer Person[6] oder Stelle institutionalisiert sein, die diesen Anforderungen gerecht werden kann. Dazu muß sie betriebsintern über Vertrauen und die notwendigen Kompetenzen verfügen. Aktuelle Untersuchungen weisen derzeit diesbezüglich noch erhebliche organisatorische Defizite auf [cz997, JH97].

Wesentlich weitreichender, jedoch auch technisch anspruchsvoller und komplexer, ist der Ansatz des „Online-Insurance". Hierbei kann der Kunde online auf seine Vertragsdaten zugreifen, eventuell auch Änderungen veranlassen oder sogar selbst durchführen. In Abschnitt 4.1.2 werden die Möglichkeiten im einzelnen dargestellt.

---

[4]Der Außendienstmitarbeiter leitet beispielsweise eine Kundenbeschwerde nicht weiter, da er selbst eine Lösung finden konnte. Der Versicherer kann den Mißstand mangels Kenntnis hiervon nicht abstellen.

[5]Ein Beispiel wäre die „Umformulierung" einer Schadenmeldung, um die Regulierung für den Kunden zu erreichen.

[6]Diese wird dann oft Ombudsmann genannt.

3.1.3. Image- und Erfahrungsgewinn

Das Internet und damit die Ansprüche seiner Nutzer steigen. Während die bloße Existenz einer Homepage bislang genügte, um im Trend zu liegen, muß der Internetauftritt heute die Möglichkeiten des Mediums ausschöpfen, um nicht „altbacken" zu wirken. Es wird immer schwerer, sich hier noch als Trendsetter zu profilieren, um die erhoffte junge, dynamische und gutverdienende Klientel für sich zu gewinnen.

Bisher stellt der Anteil des über das Internet generierten Neugeschäftes lediglich eine Randgröße dar. Umso wichtiger ist es für die Versicherungsunternehmen, sich heute bereits mit der Technik vertraut zu machen, die morgen schon eine tragende Säule des absatzpolitischen Instrumentariums sein kann.

3.1.4. Internet als Teil des Marketing–Mix

Die Präsenz eines Versicherungsunternehmens im Internet ist integrativer Bestandteil ihres gesamten Marketings. Im Gegensatz zur Konsumgüterbranche hat das Marketing bei Versicherungsunternehmen als Dienstleistern einen viel höheren Stellenwert [Bru97][7]. Während manche Banken das neue Medium bereits sehr aktiv nutzen, ist das Marketing–Potential des Internet bei den Versicherern noch lange nicht ausgeschöpft[8]. Existierende Implementationen realisieren meist nur Teilbereiche der gesamten Marketing–Mix–Palette.

Im Rahmen der Preispolitik wären finanzielle Anreize bei Nutzung des Mediums Internet vorstellbar. Im Bereich der Personalpolitik ist die Ausschreibung offener Stellen sowie die Entgegennahme von Bewerbungen[9] möglich. Auch die Mitarbeiterkommunikation könnte so schneller und kostengünstiger gestaltet werden[10]. Das immaterielle Gut Versicherungsschutz ist extrem erklärungsbedürftig, weswegen der Gewinnung, Qualifikation, Unterstützung und Motivation der Mitarbeiter besondere Bedeutung zukommt. Leistungspolitisch wäre an ein institutionalisiertes Beschwerde–System zu denken. Schnelle Reaktion sorgt für Kundenzufriedenheit. Zeitnahe Analysen der eingegangenen Beschwerden ließen ein schnelles Abstellen erkannter Mißstände zu. Zentraler Bestandteil des multimedialen Auftritts ist die Kommunikationspolitik. Es kann gar nicht oft genug versucht werden, die unsichtbare Ware Versicherung sichtbar zu machen.

---

[7]Einen guten, allerdings an manchen Stellen nicht mehr ganz aktuellen Überblick über die Praxis des Versicherungsmarketings gibt [Pus86].

[8]siehe dazu auch das ernüchternde Ergebnis der in Abschnitt 3.4 skizzierten Studie.

[9]entweder in freier Form oder anhand eines vom Versicherungsunternehmen angebotenen, strukturierten Bewerbungsformulars

[10]Hier spricht man dann vom Intranet, das im Rahmen dieser Arbeit jedoch nicht näher beleuchtet werden soll

3.2. Dienste im Internet

Viele Anwender halten die Begriffe „Internet" und „World Wide Web (WWW)"
für Synonyma. Dabei ist das WWW nur ein Teil des Internet, wenn auch der bekannteste. Eine sehr gute, leicht verständliche Einführung in das Internet und alle
seine Dienste findet sich in [Kro92]. Wesentlich kürzer ist [Sch95a], [Tew97] liegt
zwischen diesen beiden Extrema. Hier sollen nur einige der bekannteren Dienste
vorgestellt werden, wobei der Schwerpunkt auf der Relevanz aus Sicht eines Versicherungsunternehmens liegt.

WWW „Ein besonders leistungsfähiges Suchsystem, das nicht nur die Suche nach
Titeln von Dokumenten, sondern auch nach deren Inhalten oder nach in ihnen verwendeten Begriffen erlaubt, ist das World Wide Web (WWW). Es
arbeitet nach dem Konzept von >Hypertext< und >Hypermedia<. Als Hy-
pertext liefert es nicht nur jeweils eine Fundstelle, sondern zugleich Hinweise
auf andere Dokumente und Querverweise; in der Form von Hypermedia liefert es gleichzeitig Hinweise auf inhaltlich zusammenhängende Text-, Bild-
und Tondokumente."[11]

Nach dem Grad der Interaktivität unterscheiden wir die folgenden Haupt-
formen (s. auch Tabelle 3.1 auf Seite 52)[12]:

Anzeige statischer Seiten Diese können Multimedia–Elemente sowie Hy-
perlinks enthalten. Charakteristisch ist die Tatsache, daß die Seiten
einmalig oder gelegentlich erstellt bzw. aktualisiert werden, jedoch unabhängig von etwaigen Abrufen.

Statische Seiten erfordern den geringsten Aufwand beim Web–Server.
Sie sind auch dafür geeignet, von Proxies[13] gespeichert zu werden, so
daß Abrufe gar nicht bis zum Web-Server weitergeleitet werden müssen,
sondern bereits vorher von einem Proxy bedient werden können.

Homepages, Produkt- und Unternehmenspräsentationen oder Tabellen
mit Fondskursen sind Beispiele für die sinnvolle Anwendung statischer

---

[11]aus dem Text zum Stichwort Internet im Band 30 („Ergänzungen") von [Bro96]
[12]Für eine andere Klassifikation sei verwiesen auf [HNC95] oder auch auf das in [Ho97] verwendete Schema.
[13]Ein Proxy ist ein Stellvertreter. Viele WWW-Server haben einen Proxy eingerichtet, der Seiten
für eine gewisse Zeit speichert. Wird die Seite innerhalb der Gültigkeitsdauer der gespeicherten Seite erneut angefordert, nimmt der Proxy die Rolle des angefragten Servers ein und
liefert die gespeicherte Seite zurück. Vorteile sind die Verbesserung der Antwortzeit bei gespeicherten Seiten, die Verringerung der Netzlast und der Last beim Ziel-Server. Dagegen ist
der Inhalt der im Proxy gespeicherten und der auf dem angefragten Web-Server aktuellen
Seite nicht immer konsistent. Erfahrene Benutzer können daher bei Verdacht den Proxy zum
Neuladen der Seite veranlassen.

PERSPEKTIVE	▼ =gering ◆ =mittel ▲ =hoch	sta- tische Seiten	inter- aktive Seiten	Trans- aktions- Seiten
KUNDE	Kundennutzen	◆	▲	▲
	Interaktivität	▼	◆	▲
	intuitive Bedienbarkeit	▲	▲	◆
	Antwortzeiten	▼	◆	▲
VERSICHERER	Serverlast	▼	◆	▲
	Sicherheitsanforderung	▼	◆	▲
	Kosten	▼	◆	▲
	Komplexität	▼	◆	▲
	Wartungsaufwand	▼	▲	▲
	Datengewinn	▼	▲	▲

Tabelle 3.1.: Klassifikation von Web-Pages nach Kriterien aus Sicht von Kunde und Versicherung

Seiten. Aber auch ein Schadenformular, daß der Kunde ausfüllt und dann per e-mail bzw. per HTTP-FORM[14] an den Versicherer sendet, fällt in diese Kategorie, wenn der Server die Daten zunächst nicht auswertet, sondern lediglich an den zuständigen Mitarbeiter weiterleitet[15].

Interaktion ohne serverseitigen Zugriff auf gespeicherte Kundendaten

Diese Seiten können Formulare, Fragebögen, Bestellsysteme oder Beispielrechnungen enthalten. Die Seiten werden aufgrund der eingegebenen Daten individuell erstellt.

Derartige Seiten erfordern einen leistungsstarken Web-Server, der in der Lage ist, die gewünschten Seiten verzögerungsarm zu generieren. Dafür kann unter Umständen Speicherplatz gespart werden, weil nicht alle Seiten vorgehalten werden müssen, sondern „lediglich" die Programme zu ihrer Erstellung.

Typisches Beispiel wäre ein Schadenformular, das der Versicherungsnehmer ausfüllt und per e-mail an den Versicherer sendet. Dieser prüft es direkt auf Vollständigkeit und/oder Plausibilität und fordert evtl. fehlende Angaben sofort nach.

Die individuelle Beitragsberechnung aufgrund der vom Kunde eingege-

---

[14]Der HTTP-Standard (ab Version 2) sieht die Verwendung von Formularen vor. Der Inhalt der Formulare kann mittels GET- oder POST-Befehlen an den Server übertragen werden. Zu den technischen Details siehe z.B. [MK96].

[15]Die Formularseite ist statisch, das Ausfüllen erfolgt auf Seiten des Browsers

benen Daten ist eine andere interessante Möglichkeit.

Transaktionsverarbeitung Zwei neue Aspekte kommen ins Spiel. Zum einen wird auf beim Server gespeicherte Daten der Kunden für die Generierung der Seiten zugegriffen. Zum anderen kann der Kunde Änderungen an seinem Datenbestand initiieren. Hier sind Kryptographietechniken und Transaktionsgarantien zum Schutz der Daten vonnöten.

Die Schwierigkeit bei der Implementierung eines Transaktions-Servers liegt dann auch weniger in der Bereitstellung der nötigen Ressourcen wie Speicherplatz und Rechenkapazität. Vielmehr ist hier viel Know-How zur Abschottung des Transaktionsservers mittels Firewallsystemen und Kryptographie gefragt. Daher wird diese Aufgabe häufig einem Spezial-Unternehmen wie Brokat[16] oder Hewlett–Packard[17] übertragen. Dieses realisiert einen kryptographischen Datenkanal, über den der Anwender authentisiert[18] und autorisiert[19] wird.

Beispielhaft seien hier folgende Anwendungen genannt: Erstellung einer Liste aller Versicherungsverträge eines Kunden, Änderung der Bankverbindung, Abfrage/Änderung des Bezugsrechtes einer Lebensversicherung.

e-mail Ein papierner Brief wird innerhalb von einem Tag innerhalb von Deutschland zugestellt, im Ausland kann es durchaus mehrere Tage dauern. Ein elektronischer Brief — eben eine e-mail (electronic mail) — wird weltweit innerhalb weniger Minuten, im Ausnahmefall weniger Stunden zugestellt. Das „Porto" in Form von Leitungskosten beträgt nur einen Bruchteil des Briefportos.

Die Vorteile liegen also auf der Hand. Bis sich diese Technik jedoch auf breiter Front durchsetzt, wird noch etwas Zeit vergehen[20].

Neben der individuellen e-mail an einen einzigen Adressaten ist auch der Versand an eine Gruppe von Empfängern möglich. Bei fest eingerichteten Verteilern spricht man auch von Mail-Listen. Alle Nachrichten an die Liste werden an alle Abonnenten der Liste versandt.

Auf diese Weise kann ein Versicherer beispielsweise allen Versicherungskunden und -interessenten einen regelmäßigen und aktuellen News-Service zur Verfügung stellen. Auch der Verpflichtung zur Veröffentlichung und Mittei-

---

[16]http://www.brokat.de/
[17]http://www.hp.com/germany/news/prodnews.html
[18]Authentifikation ist die Sicherstellung, daß man der ist, der zu sein man behauptet.
[19]Autorisation ist die Ermächtigung, bestimmte Dienste und Daten zu nutzen.
[20]1996 wurden in den USA erstmals mehr e-mails als Briefe verschickt.

lung kursbeeinflussender Tatsachen gemäß § 52 WpHG[21] (AdHoc-Publizität) gegenüber den Aktionären könnte so in zusätzlicher Form nachgekommen werden.

Newsgroups Die Network News (auch Usenet genannt) sind eine Sammlung von öffentlich zugänglichen Diskussionsforen, die hier Newsgroups genannt werden. Im Gegensatz zu Mail-Listen mit einem eher festen Teilnehmerkreis ist die Bindung an Newsgroups viel lockerer. Niemand kann sagen, von welchen Personen die hier hinterlegten Mitteilungen abgerufen werden.

Es kann für ein Versicherungsunternehmen durchaus interessant sein, die Beiträge in Newsgruppen wie de.etc.finanz zu verfolgen. So kann man Probleme und Wünsche der eigenen wie fremder Kunden schnell erkennen und gegebenenfalls darauf reagieren.

Telnet Das Telnet-Programm war im Internet das Mittel der Wahl, wenn man sich auf einem fremden Rechner einwählen wollte (*remote login*)[22]. Für den Endbenutzer ist es jedoch heute weniger im Einsatz, da es nur eine rein textuelle Oberfläche bietet. Aus diesem Grund kommen für die Anbindung des Außendienstes, für Telearbeit von zu Hause aus oder für den Zugriff von verbundenen Unternehmen mittlerweile meist andere Protokolle bzw. Programme zum Einsatz. Diese bieten die gewohnte graphische Oberfläche und bieten meist zusätzliche Sicherheitsfunktionen. Eine elegante Lösung ist beispielsweise, die gewohnte Oberfläche des Großrechners innerhalb eines WWW-Browsers zu realisieren (s. Abb. 3.1 auf Seite 55). Diese Lösung ist auch unter Sicherheitsgesichtspunkten vorzuziehen.

FTP Das FTP-Protokoll (*file transfer protocol*) kommt immer dann zum Tragen, wenn man Dateien zum Abruf für andere zur Verfügung stellen möchte[23]. Eine besondere Variante hiervon ist das sogenannte *Anonymous FTP*. Hierbei wird ein spezieller Benutzer anonymous (mitunter auch ftp) eingerichtet. Unter diesem Namen kann sich dann jeder die Daten holen, ohne sich hierfür speziell registrieren zu müssen[24]. Durch die Einbindung des FTP-Protokolls in alle gängigen Internet-Browser ist die Benutzung so einfach geworden, daß mittlerweile viele diesen Dienst benutzen, ohne zu wissen, daß es ihn überhaupt gibt.

---

[21] Wertpapierhandelsgesetz

[22] Genau genommen gilt das nur für die Benutzung mit dem Standardport 23. Das Telnet-Programm ist in Wirklichkeit wesentlich vielseitiger [Kro92, Kap. 5].

[23] Es gibt auch die umgekehrte Variante, also das aktive Versenden von Daten auf andere Rechner. Für den typischen Endnutzer spielt dies jedoch eine eher untergeordnete Rolle.

[24] Manche FTP-Server verlangen die Angabe der e-mail-Adresse als Passwort und prüfen diese im Extremfall auf Plausibilität. Dies soll Zugriffsstatistiken ermöglichen.

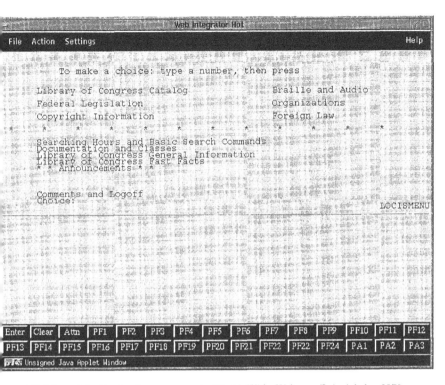

Abbildung 3.1.: Großrechnerzugang via World Wide Web am Beispiel der 3270-Emulation der Fa. CNT mittels Java-Applets

Ein Versicherer könnte mittels Anonymous-FTP beispielsweise seinen Geschäftsbericht, relevante Gesetzestexte, Versicherungsbedingungen, Zeitschriftenartikel, Formulare, spezielle Software und vieles mehr für seine Kunden zur Verfügung stellen.

Mobile IP Als die Internet-Technik entwickelt wurde, ging man davon aus, daß jeder Rechner einen festen Platz hat. Dort kann er dann von überall aus gefunden werden. Wenn sich heute beispielsweise ein Außendienstmitarbeiter auch mit seinem Notebook im Internet bewegen möchte, so müssen ihn die gewünschten Daten an immer anderen Orten finden. Die hierzu benötigte

Technik ist derzeit bereits in proprietären Lösungen verfügbar. Ein Standard[25] ist in der Entwicklung. Einen guten Überblick gibt [ZDS96].

Telefon Beim Telefon haben wir es mit zwei völlig verschiedenen, neuen Aspekten zu tun:

- Infolge der relativ hohen Marktdurchdringung von ISDN sind heute viele Haushalte in der Lage, zugleich zwei verschiedene Verbindungen zu realisieren[26]. So ist es denkbar, daß ein Versicherungskunde oder -interessent in den Web-Server des Versicherungsunternehmens eingewählt ist und zugleich mit einem Berater des Versicherers telefonisch über die angezeigten Inhalte spricht. Die Mischung aus persönlichem Dialog und der EDV-gestützten Darstellung in Bild, Ton und Videosequenzen ergibt eine ganzheitliche multimediale Beratung. Denn „ohne die Möglichkeit einer Interaktion in der Problemlösungsphase ist die (für die Vertrauensbildung beim Kunden notwendige) Prozeßtransparenz nur schwer herstellbar. Auch hier ist für die Erstellung der notwendigen Beratungsleistung neben einer reinen Daten- zusätzlich eine direkte Sprachkommunikation erforderlich"[RB96, S. 569].

  Einen ähnlichen Weg beschritt bereits die Hannoversche Lebensversicherung. Hier kann der Kunde mit einem Berater telefonieren, der ihm dann im Videotext seines Fernsehgerätes[27] ein persönliches Angebot unterbreitet.

- Neben dem „klassischen" Telefon über ein Fernmeldenetz ist neuerdings auch das Telefonieren über das Internet möglich. Da einem dabei jedoch keiner garantiert, daß die Sprache auf der anderen Seite ankommt (und schon gar nicht, in welcher Zeit)[28], muß man hier noch mit gravierenden Einschränkungen der Sprachqualität rechnen. Sobald die Netze jedoch leistungsfähig genug für diesen Telefonverkehr sind, steht damit auch dem Besitzer nur einer Amtsleitung die Möglichkeit offen, zum Ortstarif[29] gleichzeitig weltweit zu telefonieren und im Internet zu surfen.

---

[25] Die Standards findet man in einer noch vorläufigen Form unter [Per96a, Per96c, Per96b, JP96].

[26] In Deutschland stehen bei jedem ISDN-Basisanschluß zwei Amtsleitungen gleichzeitig unabhängig voneinander zur Verfügung.

[27] RTL, Videotext Seite 707

[28] Der klassische Telefondienst ist ein verbindungsorientierter Dienst, bei dem den Teilnehmern nach Aufbau der Verbindung eine feste Bandbreite zur Verfügung steht. Dagegen handelt es sich beim Internet-Telefonieren um einen verbindungslosen Dienst, bei dem sich jedes Sprachdaten-Paket seinen eigenen Weg zum Gegenüber suchen muß. Es gibt weder eine Garantie bezüglich der Auslieferungsreihenfolge noch bezüglich der Auslieferung überhaupt. Schwankungen in der Übertragungsdauer der Pakete können zu starken Verzerrungen führen.

[29] Telefongebühren fallen nur für die Verbindung zum Internet-Provider an. Dieser ist meist zum Ortstarif erreichbar.

3.3. Ist-Analyse

Wie präsentiert sich die Versicherungsbranche derzeit im Internet? Es fällt schnell auf, daß die Entwicklung in verschiedenen Ländern unterschiedlich weit fortgeschritten ist. Daher soll zuerst der heimische Markt betrachtet werden. Dem werden dann ausgesuchte Angebote aus anderen Ländern gegenübergestellt, sozusagen der „State of the art" des internationalen Internet-Versicherungswesens.

In einem weiteren Schritt wird die Marktbedeutung des Internet-Auftritts von Versicherungen untersucht. Dabei soll evaluiert werden, ob es signifikante Unterschiede zu anderen Branchen gibt.

3.3.1. Deutschland

Die deutsche Versicherungsbranche beginne langsam, so Raake in [Raa96], die Chancen, die das Internet biete, zu erkennen. Gehandelt werden müsse aber jetzt (Zum gleichen Ergebnis kommt [Nei96]). Dabei ist es wohl nicht ganz zufällig, daß der Autor dem Versicherer dabei als Consultant der Firma itm[30] gerne beratend zur Seite steht. Laut [Rei96] haben diejenigen Versicherer, die noch keine Online-Pläne haben, der itm gegenüber häufig Angst bezüglich des Konkurrenzverhältnisses zum eigenen Außendienst geäußert. Andere sehen sich als Nischenanbieter, deren Zielgruppe mit den Internet-Nutzern nur schwach korreliert ist.

Die Consulting Trust GmbH kommt in ihrer Studie [Con96](siehe auch [Stu96]) zum Ergebnis, daß Multimedia bei Banken und Versicherungen zum Schlüsselfaktor im Wettbewerb werde, die deutschen Unternehmen jedoch hinterherhinkten und Gefahr liefen, international den Rang abgelaufen zu bekommen.

Es gibt nach wie vor Gesellschaften, die das Internet noch nicht für sich entdeckt haben. Schlimmer noch — es gibt Versicherer, deren Seiten zwar inhaltlich gut, dafür aber nicht zeitgemäß gestaltet und unzureichend gepflegt sind. Mit Recht verweist [Ges96] darauf, daß der erste Eindruck, also wie die Homepage eines Versicherers, oft der wichtigste sei. Als Beispiel sei das Angebot des Gerling-Konzerns[31] angeführt. Die Möglichkeit, sich die Prämie für sein Kfz online berechnen zu lassen, werden viele nach dem ersten Blick auf die Homepage (Abbildung 3.2 auf Seite 58) nicht mehr wahrnehmen.

Andererseits ist aber zu beobachten, daß viele Versicherer neu im Internet vertreten sind. Während es Ende 1996 noch 45 [Ges96] bzw. rund 50 [Vil97] Gesellschaften waren, zählte der Autor im Juni 1997 bereits 66 Branchenvertreter.

Bei neuen oder grundlegend überarbeiteten Angeboten ist generell zu spüren, daß das Internet inzwischen auch für die deutschen Versicherungsunternehmen

---

[30]ideas to market, URL http://www.itm.de/
[31]http://www.gerling-konzern.de/

Abbildung 3.2.: Die Homepage des Gerling-Konzerns weist eine starke Diskrepanz
zwischen gutem Inhalt und unzeitgemäßer Gestaltung auf. Die
Ankündigung „Ab dem 13.03.1997" dürfte beispielsweise so am
30.06.97 nicht mehr zu finden sein.

strategische Bedeutung erlangt hat. Als positives Beispiel sei hier die CKAG[32],
die Versicherungsgruppe rund um die Colonia, genannt. Noch im Mai 1997 suchte
man sie vergebens, jetzt präsentiert sich die Gruppe in sehr ausgereifter Form.

Die 25 umsatzstärksten Versicherer[33] und ihre Internetadressen sind in Tabelle
3.2 auf Seite 59 zusammengestellt. Nur drei präsentieren sich derzeit[34] noch nicht
im Netz, bei dreien sind die Seiten noch im Aufbau.

Einen Überblick über den Gesamtmarkt gibt die Studie der Peter Gessner
& Partner GmbH [Ges96]. Diese soll künftig halbjährlich aktualisiert werden. In

---

[32]http://www.colonia-online.de/
[33]Die ersten drei Spalten der Tabelle sind [FAZ97a] entnommen.
[34]Ende Juni 1997

ng	Versicherungsunternehmen	Beitr. [Mio]	Internet-Adresse(n) (http://...)	Bemerkung
1	Allianz AG Holding	74630	www.allianz.de	
			www.allianz-kag.de	
			www.allianz-leben.de	
			www.allianz.com	
			www.allianz-agrag.de	
2	Münchener Rückvers. AG	26232	www.munichre.com	
3	Aachener + Münchener Bet.-AG	20020	www.aachenerundmuenchener.de	
4	Gerling-Konzern	12040	www.gerling-konzern.de	
5	CKAG Colonia Konzern AG	10811	www.colonia-online.de	
6	Victoria Holding AG	9578	www.victoria.de	im Aufbau
7	HDI Versicherungsverein a.G.	9550	www.hdi.de	
8	R+V Versicherungen	9137	www.ruv.de	
	Vereinte Versicherungen	7744	www.vereinte.de	(in 1 enth.)
			www.medi-netz.com/vereinte	
9	Debeka Versicherungen	7093	www.debeka.de	im Aufbau
10	Vers.kammer Bayern	6502	members.aol.com/vkbouska/index.htm.de	
11	Kölnische Rückvers. AG	6300	www.genre.com/Cologne/index.htm	
12	HUK-Coburg	5747	www.huk.de	
13	Gothaer Versicherungen	5400	www.gothaer.de/nsd/defaultj.html	
14	DBV-Winterthur Hold. AG	5133		
	Hamburg-Mannheimer Vers. AG	5113	www.hamburg-mannheimer.de	(in 2 enth.)
	Deutsche Krankenvers. AG	5083	www.dkv.com	(in 2 enth.)
15	Iduna/Nova-Gruppe	5077	www.iduna-nova.de	
	Volksfürsorge Holding AG	4979	www.volksfuersorge.de	(in 3 enth.)
16	Württembergische AG	4844	www.wuerttembergische.de	
17	Zürich-Agrippina Bet.-AG	4786	www.zurichbusiness.ch/german	
			www.agrippina-versicherung.com	
18	Vers.holding der Dt. Bank	4645	www.herold.de	
19	Alte Leipziger Untern.verbund	4549		
20	Nürnberger Versicherungsgruppe	4308	www.versicherungen.de/nuernberger	im Aufbau
	Hannoversche Rückvers.	3853	www.???.de	(in 7 enth.)
21	LVM Versicherungen	3443	www.lvm.de	
22	Continentale Vers.-Verbund	3240	home.t-online.de/home/die_continentale	Test-Agentur
23	Bayerische Rückversicherung	3083		
24	Signal Versicherungen	2877	www.signal.de/signal/home.html	
25	ERC Frankona Rückvers. AG	2802	www.ercgroup.com	Mutterg.

Tabelle 3.2.: Die größten deutschen Versicherungsunternehmen nach Beitragseinnahmen (aufbauend auf einer FAZ-Statistik [FAZ97a], Umsätze zum
Teil vorläufig bzw. geschätzt)

[ohn97a] wird die Studie der Software Union Syseca (Aachen) beschrieben. Dort wird unter anderem die Verbreitung verschiedener Service-Arten untersucht. Weitere Informationen findet man direkt im Netz. Eine kleine Auswahl interessanter Meta-Seiten findet sich im Anhang B (S. 139ff.). Dabei handelt es sich zum einen um virtuelle Märkte, auf denen sich mehrere Versicherer präsentieren, zum anderen um reine Tabellen mit Links zu Versicherern, Maklern oder Verbänden.

„Zusammenfassend kann" nach [Bir97](s. auch [Bir95b, Bir95a, Bir96]) „festgehalten werden, daß in Sachen Online–Versicherungen noch recht wenig los ist, wenn es um die Angebote der [deutschen] Versicherungskonzerne geht".

Es zeichnet sich jedoch ab, daß viele Unternehmen bereits in den Startlöchern stehen. Die wahrscheinlich baldige Lösung der Sicherheitsprobleme wird der transaktionsorientierten Bearbeitung endgültig zum Durchbruch verhelfen.

3.3.2. State of the Art im Weltmarkt

Wie einem die Versicherung als treuer Partner in allen Lebenslagen zur Seite stehen kann, macht die New Yorker Metropolitan Life Insurance[35] deutlich (Abbildung 3.3 auf Seite 61). Anhand von 60 wichtigen Ereignissen im Leben bietet die Met Life umfangreiche Beratung und Information. Die Spannweite reicht von der Erdbebenvorsorge bis hin zur interaktiven Rentenbedarfsberechnung [Sch97d].

Den Kontakt zwischen Außendienst und Kunde zu fördern, hat sich die Allstate Insurance[36] zum Ziel gesetzt. Daneben wird der potentielle Kunde mit allen Informationen über die angebotenen Versicherungen versorgt. Abgerundet wird das ganze durch Links zu Auto- oder Immobilienmärkten. Der individuelle Zuschnitt der Internetpräsenz auf den Bedarf der Kunden erklärt die stark steigenden Seitenabrufzahlen[37].

Es ist – überspitzt gesagt – der Gegensatz zwischen den Fragestellungen „Was ist das Problem meines Kunden und wie kann ich ihm helfen, es zu lösen?" und „Wie bringe ich meine Kunden dazu, gerade die von mir gewünschten Probleme lösen zu wollen?", der die erfolgreichen Angebote auszeichnet.

Die Leistung eines Maklers[38] besteht entweder im „Nachweis der Gelegenheit zum Abschluß eines Vertrags" oder in der „Vermittlung eines Vertrags". Während im Versicherungsbereich bisher die Vermittlung der übliche Fall war, ist durch die Möglichkeiten des Internets jetzt eine Reihe von Anbietern am Markt, die sich auf den Nachweis von Abschlußgelegenheiten beschränken.

---

[35]http://www.anonymizer.com:8080/http://www.metlife.com/ (Die URL www.metlife.com ist wegen des Exportverbotes sicherer Kryptographieverfahren von Europa nicht direkt erreichbar.)
[36]http://www.allstate.com
[37]20% Steigerung bei derzeit (02/97) durchschnittlich 10000 Hits (=Seitenaufrufe) monatlich
[38]Zivilmakler im Sinne von § 652ff BGB

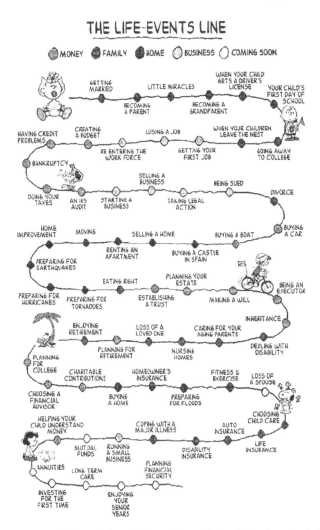

Abbildung 3.3.: Auf einer Lebenslinie werden wichtige Ereignisse im Leben gekennzeichnet. Zu allen Punkten hält die Met Life ausführliche Informationen bereit.

InsWeb[39] versteht sich zwar nicht als Makler, sondern als „an unbiased market-place where consumers can get real-time quotes from different companies, find an agent or purchase a policy", bekommt seine Bemühungen jedoch (einer Courtage gleich) „by charging the insurance sellers an undisclosed fee for each transaction"[Nai97]. Quick Quote[40] oder Quicken Insure Market[41] bieten ähnliche Dienstleistungen an.

Bei der Transatlantic Re[42] handelt es sich um einen Rückversicherer. Während im Business-to-Business-Bereich bisher nur EDI[43] einen festen Platz hatte, stellt die Transatlantic Re ihren Kunden ein Extranet zur Verfügung. Als Extranet bezeichnet man ein Internetzugang zu geschützten Bereichen, zu dem ausgewählte Kunden und Geschäftspartner Zugang erhalten [Mor97]. Als Schutzmechanismus kommt dabei ein Firewall-System (s. Abschnitt 3.5.1) zum Einsatz.

Besonders deutlich wird der Vorsprung der US-amerikanischen Versicherer gegenüber Europa bei der Umsetzung von Internet-Strategien, wenn man zwei Versicherer derselben Gruppe vergleicht. Während die Zurich Kemper Life[44] bei InsWeb und bei Quicken Insure Market vertreten ist und auch selbst alle Möglichkeiten des Internets ausschöpft, ist die Schweizer Mutter Züricher Versicherung[45] mit einem wesentlich schlichteren Auftritt vertreten.

3.3.3. Marktbedeutung und Branchenvergleich

„The value of trading via the Internet will increase from $10 billion in 1996 to $196 billion[46] by 2000" (Stan Stolberg, Forrester Research, zitiert nach [Tay97]).

Electronic Commerce weist zur Zeit ein exponentielles Wachstum mit Steigerungsraten von mehr als 100 Prozent auf. Speziell den Finanzdienstleistern wird eine glänzende Zukunft prognostiziert. Während von 130 Finanzdienstleistern derzeit nur etwa 13 Prozent das Internet für Kundentransaktionen nutzen, werden es nach der Studie von Ernst & Young bis 1999 60 Prozent, in den USA sogar 87 Prozent sein [CA97].

Bei aller Begeisterung sind jedoch auch kritische Stimmen zu vernehmen. So wurde beispielsweise die elektronische Handelsplattform „World Avenue" von IBM im Juni 1996 mit großem Marketingaufwand vorgestellt [Feh96], um jetzt nach nur

---

[39]http://www.insweb.com/
[40]http://www.quickquote.com/
[41]http://www.insurancemarket.com/
[42]http://www.TransatlanticRe.com/
[43]Electronic Data Interchange – Geschäftsdatenaustausch in standardisierter Form. Die Verbindung von EDI und Internet versucht der RFC 1865, EDI Meets the Internet, zu schaffen [DS96, Jan96a, Jan96b].
[44]http://www.zurichkemper.com/
[45]http://www.zurichbusiness.ch/german/home2.html
[46]bei einer Währungsparität von 1,70 DM=1 US-$ entspricht dies 17 bzw. 333 Milliarden DM

einem Jahr fast lautlos wieder einzuschlafen [ohn97d]. Von „Ernüchterung in der Internet-Branche"[Cro97, Hüs96] ist die Rede. Nur 12 Prozent von 603 Managern in Deutschland, England und Frankreich konnten in einer Umfrage der Gallup Organisation von steigenden Gewinnen aufgrund ihrer Internet-Auftritte [ohn97b] berichten.

Haupthindernis für das Wachstum von Electronic Commerce ist nach wie vor die fehlende Sicherheit. Bei Versicherungen kommt noch ein weiterer Punkt hinzu. Dieter Weber (Gerling-Konzern) steht nicht allein, wenn er sagt, es sei „noch nicht geklärt, wie unser Außendienst am Internet partizipieren soll"[Sch96b]. Im Hinblick darauf kann er dem geringen Anteil des über das Internet generierten Geschäftes sogar positive Seiten abgewinnen: „Die geringen Abschlußzahlen haben unseren Außendienst sehr beruhigt". „Auch wenn dieser hohe Kosten verursacht, so bringt er doch den Großteil des Neugeschäftes, das derzeit" nach [Bir97] „bei weitem noch nicht von einem Online-Dienst kompensiert werden könnte". Bisher gelten noch Tabus wie das der Preisdifferenzierung zwischen online abgeschlossenen und vom Vertreter vermittelten Verträgen. Doch ist im Zuge der Deregulierung im europäischen Markt (und speziell in der Versicherungsbranche) abzusehen, daß dieses und andere Tabus fallen.

Diese Problematik erklärt auch das verhältnismäßig schlechte Abschneiden der Versicherungsbranche in einer Studie des Instituts für Informations- und Entscheidungswissenschaften an der Universität von Chicago vom Juni 1997 [Ho97]. Dabei wurden die Internetangebote von 1000 Firmen aus 40 Branchen verglichen. Sie wurden anhand des Wertes für den Kunden (4 Ausprägungen) und des Zweckes aus Sicht des Anbieters (3 Ausprägungen) in einer 4×3-Matrix klassifiziert. Dabei wichen vier Merkmalskombinationen besonders markant vom Durchschnitt ab:

Produktankündigungen oder Sonderangebote (timely value / promotion purpose) gab es bei 0 Prozent der Versicherer gegenüber einem Durchschnitt über alle untersuchten Branchen von 35 Prozent. Eine speziell auf den einzelnen Kunden zugeschnitte Angebots- bzw. Dienstleistungspalette (custom value / promotion purpose) hatten 4 Prozent (ϕ 16%). Nur acht Prozent (ϕ 24%) hatten Wettbewerbe, Preisausschreiben, Geschenke oder ein extrem herausragendes Seitendesign zu bieten (sensational value / promotion purpose). Gänzlich Fehlanzeige war bei der Transaktionsverarbeitung[47], Überprüfung der Status von Geschäftsprozessen u.ä. (logistic value / processing purpose): 0 Prozent (ϕ 24%). So kommt die Studie zu dem Ergebnis, „that this industry still conducts business as usual".

---

[47]Online-Prämienberechnung wurde dabei nicht als processing purpose, sondern als promotion purpose klassifiziert.

3.4. Zukünftige Entwicklungen

In einem sich so schnell verändernden Markt lassen sich zukünftige Entwicklungen naturgemäß nur schwer vorhersehen. Dennoch soll hier versucht werden, schlaglichtartig einiges von dem zu beleuchten, was für die nächsten Monate angedacht ist:

- Die Allianz Lebensversicherung[48] ließ von der Unternehmensberatung Pichen & Stiebing ein POS-System[49] zur Verkaufsunterstützung entwickeln. Dadurch werden für die Zielgruppe der 25- bis 35jährigen die Themenkomplexe Einkommenssicherung, Wohneigentum, Altersvorsorge und flexibles Ansparen visualisiert. Während das jetzige System für die Bedienung durch den Berater gedacht ist, wäre auch eine Weiterentwicklung denkbar, die vom Kunden selbst bedient wird. Diese ließe sich dann in öffentlich zugänglichen Terminals oder im Internet installieren.

- Das bisherige Rundschreibenwesen der Versicherungsverbände hat verschiedene Nachteile:

  Medienbruch Informationen, die häufig digital vorliegen, werden zu Papier gebracht, um dann in den Unternehmen bei Bedarf wieder erfaßt zu werden. Dies birgt Fehlerpotential und verursacht unnötige Mehrkosten.

  Geschwindigkeit Eilige Informationen können ihre Empfänger nur mit Verzögerung durch Druck-/Kopierzeiten und Postlaufzeiten erreichen.

  Recherche Eine Volltextsuche in den gesammelten Rundschreiben gleicht der Suche nach der berühmten Nadel im Heuhaufen.

  Aus diesen Gründen wurde vom GDV[50] ein neues Verbandsinformationssystem (VIS) entwickelt. Im Mai 1996 wurde entschieden, VIS auf Basis der TCP/IP-Protokollfamilie mit WWW-Technologie auf einem geschlossenen Netz der Versicherungswirtschaft zu realisieren. Das Pilotprojekt ist im Juli 1997 gestartet[51][Hof96].

- Im Abschnitt 3.5.4.3 wird im Zusammenhang mit der digitalen Unterschrift über Zertifizierungsinstanzen berichtet. Nach [Tay97] könne die Rolle einer „trusted third party" zum Hauptgeschäft internet-basierter Banken werden.

---

[48] http://www.allianz-leben.de
[49] POS=Point of Sale. POS-Systeme sind zur Verwendung beim Kunden oder durch den Kunden gedacht.
[50] GDV=Gesamtverband der Deutschen Versicherungswirtschaft e.V.
[51] nach Auskunft von Herrn Schmeetz (GDV Hamburg) ist es momentan als Prototyp für ausgewählte Versicherungsunternehmen in Betrieb.

64

- Es ist eigentlich erstaunlich, daß die deutsche Versicherungswirtschaft in den bestehenden Sicherheitsrisiken im Zusammenhang mit dem Internet nicht längst ein neues Produktpotential sieht. Doch derzeit scheint man noch in der Chance ein Problem (z.B. unzureichende Kalkulationsgrundlagen), anstatt in dem Problem die Chance zu erkennen. International haben sich zwei US-amerikanische und ein dänischer Versicherer mit IBM zusammengetan: Gemeinsam soll eine Methode zur Evaluation von Risiken erarbeitet werden. Anhand dieser Evaluationen können die Versicherer dann Policen für das Online-Risiko anbieten. [ohn97e]

- Die Bedeutung des Internets in der Versicherungsbranche wird rapide zunehmen. Und doch zeichnet sich ab, daß „für viele Kunden eine persönliche Betreuung unter bestimmten Umständen unabdingbar ist"[ohn96]. Die Aufgabe der Kombination der verschiedenen Medien kann noch nicht als gelöst angesehen werden (s. auch Abschnitt 3.2, Schlagwort Telefon).

- Fernsehen und Internet wachsen immer mehr zusammen. Dies hat zur Folge, daß letzteres immer alltäglicher wird. Gessner [Ges96] sieht das Internet bereits als zum Lifestyle des Nutzers gehörig an und prognostiziert, daß zur Jahrtausendwende bereits jeder vierte Haushalt über einen Internetanschluß verfügt. Damit hat das Internet dann auch eine viel größere Reichweite als Marketingmedium. Die entsprechenden Techniken sind bereits entwickelt [Jan96c]. Der Microsoft/WebTV-Merger [Kap97] wird nur der Auftakt einer Reihe von Unternehmenszusammenschlüssen sein. Sowohl InterCast[52] als auch WebTV sollen noch 1997 in Deutschland eingeführt werden. [AG97]

- Die Eintrittsbarrieren in den Versicherungsmarkt werden niedriger. Wie schwierig es ist, eine schlagkräftige Außendienstmannschaft zusammenzustellen, konnten die europäischen Versicherer nach der Deregulierung im EU-Markt gerade erst feststellen. Die größeren Gesellschaften überwanden diese Barrieren daher meist durch Aquisition bestehender Unternehmen in den jeweiligen Destinationen. Dieser Weg ist kleineren Unternehmen meist versperrt.

Mit dem Internet sinken die Barrieren bzw. steigen die Chancen nun auch für kleinere Versicherer. Nach [Wör96b] beläuft sich die Investition in eine Web-Präsenz auf einmalig 100 bis 250 TDM sowie monatlich etwa 10 bis 20 TDM. Ob sich diese Investitionen im Laufe der Zeit amortisieren, läßt sich noch nicht sagen [Ges96]. Doch hat das Internet bereits heute einen Durchdringungsgrad erreicht, der die Gesellschaften bereits quasi zwingt, online zu gehen.

---

[52]http://www.intercast.org/

- Durch die Einführung elektronischer Börsen wird der Wertpapierhandel effizienter. Dabei wird bereits versucht, die Banken als Zwischenstufe im Handel zu umgehen, indem zum Beispiel Aktienemissionen ohne Einschaltung einer Emissionsbank direkt über das Internet abgewickelt werden [AFP96, Pso97].

  Umgekehrt kämpfen die Banken vehement um die Netzkundschaft. Die Internet-Klientel der US-Bank Wells Fargo ist durchschnittlich sieben Jahre jünger, ihr Verdienst im Mittel um 60% höher und die Cross-Selling-Quote[53] mit 2,4 gegenüber 1,4 deutlich positiver als bei der konventionellen Kundschaft [Mah97].

- Einen radikalen Rollentausch proklamiert Joe Carter[54]: „Instead of vendors displaying their wares and waiting for the customers to roll in, the consumers could advertise for the services they are planning to buy, via an electronic billboard"[Mor97].

  Den dabei entstehenden Markt könnte man sich vielleicht als eine institunionalisierte und erweiterte Version eines Teilspektrums der Newsgroup de.etc.finanz vorstellen.

  Dazu paßt der Paradigmenwechsel von der Pull- zur Push-Technologie, der durch die Einführung der Channels bei den Browsern von Netscape und Microsoft forciert wurde [Hüs97]. Während traditionell der Benutzer aktiv werden und sich die Daten holen mußte (dies wurde im Nachhinein zur Abgrenzung Pull-Technologie genannt), erreichen ihn die gewünschten Daten aufgrund von ihm vorgegebener Präferenzen nun ohne sein weiteres Zutun (Push-Technik) [Ber97, For97].

- Die IBM hat vor kurzem eine Studie unter dem Titel „Marketplace in the Global Insurance World" abgeschlossen.

  Im ersten Teil der Studie wurde in Zusammenarbeit mit der Economist Intelligence Unit der Frage nachgegangen, wie sich die Veränderungen im Konsumverhalten, die Liberalisierung der Märkte und das Vordringen branchenfremder Anbieter auf die Versicherungswirtschaft auswirkt.

  Die Intersearch Corp. war am zweiten Teil der Studie beteiligt. Hierin wurde die Verbraucher-Akzeptanz von Online-Diensten beim Kauf von Versicherungs- und Finanzprodukten untersucht. Vorläufige Ergebnisse [55] besagen, daß „nach Ansicht von rund drei Viertel der Befragten [...] die zunehmende Bedeutung

---

[53]Die Anzahl verschiedener Produkte, die ein Kunde bei einem Unternehmen erwirbt.

[54]managing partner in Anderson Consulting's Zentrum für strategische Technologien

[55]Die Studie ist inzwischen beendet [ohn97c]. Dem Autor liegen deren endgültige Ergebnisse jedoch nicht vor.

virtueller Marktplätze den prägendsten Einfluß auf die Entwicklung der Versicherungsbranche in der nächsten Dekade haben" dürfte [ohn96]. Natürlich bietet die IBM Strategien, Visionen, Beratung und Produkte[56] bezüglich dieser Fragen an.

- Im Zuge des Business-Process-Reengineering[57] werden schlanke Abläufe ohne Medienbrüche möglich. So glaubt [Ges96], „daß standardisierte Antragsformulare vor Ort in der Agentur am Bildschirm ausgefüllt und direkt oder per e-mail an die Zentrale übertragen werden. Die in elektronischer Form vorliegenden Antragsformulare werden direkt von der EDV bearbeitet (Risikobeurteilung durch intelligente Systeme) und an die Agentur zurückgeschickt. Die Versicherungspolice kann daraufhin in der Agentur ausgedruckt und dem Kunden mitgegeben werden".

- Versicherungen werden immer individueller auf den Bedarf der Kunden zugeschnitten. Daher wird das sogenannte Data Mining[58] im Data Warehouse[59] zu einem wettbewerbsentscheidenden Faktor. Das Umfeld auf der Anbieterseite verändert sich. „Als Konkurrenten würde ich heute jeden bezeichnen, der entweder eine Datenbank hat oder eine große Zahl von Kunden betreut"[ohn96].

3.5. Technische und rechtliche Rahmenbedingungen

Es würde den Rahmen dieser Arbeit sprengen, hier auf alle Techniken, Gesetze oder Standards detailliert einzugehen. Dennoch sollen einige Punkte angesprochen werden, denen man als Unternehmen seine Aufmerksamkeit widmen muß.

Die Sicherheitsproblematik ist derzeit der größte Hemmschuh bei der Verwirklichung des Electronic Commerce. Mit der Verabschiedung des Gesetzes zur digitalen Signatur (SigG) innerhalb des Informations- und Kommunikationsdienste-Gesetzes (s. Abschnitt 3.5.4.1) und der zunehmenden Konsolidierung der weltweiten Sicherheits-Standards ist man der Lösung allerdings schon recht nahe.

---

[56]http://www.insurance.ibm.com/

[57]Business-Process-Reengineering (BPR) (s. Abschnitt 2.2) ist die revolutionäre Geschäftsprozeßoptimierung im Gegensatz zum evolutionären Business-Process-Improvement.

[58]Data Mining ist das Erkennen von Mustern in Datenbasen. Damit sollen implizit vorhandene, aber unbemerkt gebliebene Zusammenhänge erkannt und expliziert werden [BH93].

[59]Das Data Warehouse ist eine, getrennt von den operativen Daten gehaltene, Sammlung von aktuellen und historischen Daten in unterschiedlichen Verdichtungsgraden. Diese soll dem Management Adhoc-Auswertungen mittels Online Analytical Processing (OLAP) erlauben [Dir97, Glu97, MHR96].

Da die meisten Unternehmen aus gutem Grund eine evolutionäre Strategie bei der Realisierung ihrer Online-Präsenz verfolgen, stellen sich ihnen die folgenden Probleme meist in dieser Reihenfolge:

3.5.1. Abschottung durch Firewallsysteme

Ein **Firewall** ist eine Schwelle zwischen zwei Netzen, die überwunden werden muß, um Systeme im jeweils anderen Netz zu erreichen. Es wird dafür gesorgt, daß jede Kommunikation zwischen den beiden Netzen über den Firewall geführt werden muß. Auf dem Firewall sorgen Zugriffskontrolle und Audit dafür, daß das Prinzip der geringsten Berechtigung durchgesetzt wird und potentielle Angriffe schnellstmöglich erkannt werden. [Ell95]

Zur sicheren Durchführung finanzieller oder anderer vertragsrelevanter Transaktionen ist ein ganzes Firewallsystem notwendig. Es besteht in der Regel aus zwei Routern und einem Bastion Host (Abbildung 3.4 auf Seite 68).

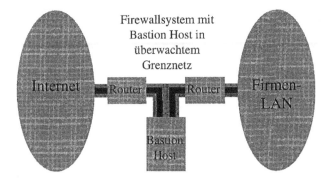

Abbildung 3.4.: Ein Firewallsystem mit einem Bastion Host innerhalb eines überwachten Grenznetzes ist eine aufwendige Lösung. Da man es aber spätestens beim Übergang zu Online-Transaktionen benötigt, empfiehlt sich diese Variante von Anfang an.

Die Router arbeiten auf Paketebene und müssen über Filtereigenschaften[60] verfügen. Sie können jedoch keine Inhaltskontrolle durchführen. Der äußere Router filtert lediglich alle Pakete, die aus dem Internet kommen und als Startadresse

---

[60]Anhand von Start- und Zieladressen und den Portnummern wird über Annahme, Zurückweisung oder Ignorieren von Paketen entschieden.

eine (gefälschte) Adresse des Grenznetzes haben[61]. Der innere Router kontrolliert umgekehrt alle Pakete aus dem Firmen-LAN. Zusätzlich erlaubt der innere Router zur Außenseite hin Verkehr nur mit dem Bastion Host. Alle anderen Pakete werden ausgefiltert.

Der Bastion Host arbeitet auf Anwendungsebene als Gateway[62]. Für jeden zu unterstützenden Dienst muß auf dem Bastion Host ein Proxy laufen[63]. Verbindungen sind immer nur zwischen Firmen-LAN und Proxy bzw. Proxy und Internet möglich, niemals jedoch direkt zwischen einem Rechner im Firmen-LAN und einem anderen im Internet. Meist übernimmt der Bastion Host auch die Audit-Funktion, indem er alle Verbindungen, insbesondere auch abgelehnte Verbindungsversuche, protokolliert.

3.5.2. Gesicherte Datenübertragung

Sobald man den Benutzer - zum Beispiel über Formulare - zur Mitteilung persönlicher Informationen auffordert[64], ist es aus Gründen des Datenschutzes und der Vertrauensbildung wichtig, gesicherte Datenübertragungskanäle anzubieten. Die bekanntesten sind:

SSL (Secure Socket Layer) ist das von Netscape vorgeschlagene Protokoll. Dieses verschlüsselt Protokolle wie HTTP (dies wird dann HTTPS genannt), NNTP oder FTP mittels Public-Key-Verfahren. Das SSL-Protokoll sieht die Authentifikation des Servers gegenüber dem Client vor[65] und verschlüsselt die Daten während der Übertragung. Durch die Verwendung von Session-Keys schlägt die Entschlüsselung einer Sitzung keine Wellen. Jede andere Sitzung und insbesondere der Secret-Key des Servers sind dennoch sicher. SSL ist derzeit in vielen Browsern, u.a. in den bekannten Netscape Navigator/Communicator und Microsoft Internet Explorer, implementiert [Ste97b, Ste97a, Net97]. Aus Sicht von Microsoft weist SSL noch Sicherheitslücken auf, die Microsoft mit PCT[66][BLS+95] schließen will.

SHTTP (Secure HTTP) ist das von CommerceNet[67], einem Zusammenschluß von an der kommerziellen Nutzung des Internets interessierten Unterneh-

---

[61]Es ist wichtig, daß der äußere Router alle anderen Pakete durchläßt. Nur so ist das Audit auf dem Bastion Host - also das Erkennen und Protokollieren von Angriffsversuchen - möglich.
[62]Dazu muß das normale IP-Forwarding auf diesem Rechner deaktiviert sein.
[63]Aus Performancegründen können natürlich auch mehrere Bastion Hosts zum Einsatz kommen.
[64]Der umgekehrte Fall, also das Senden sensitiver Daten vom Unternehmen zum Nutzer, ist auf dieser Stufe noch nicht vorgesehen.
[65]optional auch die entgegengesetzte Authentifikation des Clients gegenüber dem Server
[66]Private Communication Technology: Von Microsoft als Internet Draft zur Standardisierung vorgeschlagen
[67]http://www.commerce.net/

men, vorgeschlagene Protokoll. Es ist ausschließlich zur Verwendung mit HTTP geeignet, bietet dafür jedoch mehr Erweiterungsmöglichkeiten als SSL [EIT96, Ste97a].

Nicht vergessen sollte man dabei, daß all diese sicheren Kanäle erst dann eine gewisse Sicherheit bieten, wenn die Verbindung korrekt aufgebaut wurde. Das Problem mit den gängigen Java-Applets in den derzeitigen deutschen Homebanking-Anwendungen schildert [MW97]: „Bis diese Sicherheit zieht, ist es schon zu spät! Wenn es einem Verbrecher gelingt, seinen Rechner als SSL-Banking-Server auszugeben, kann er dem Browser des nichtsahnenden Kunden ein selbstgebasteltes Java-Applet übermitteln, das optisch von dem echten nicht zu unterscheiden ist". So bekommt der Eindringling PIN und TANs auf dem goldenen Tablett präsentiert. Das Vorgehen des „einen falschen Server als Partner unterschiebens" ist durch DNS-Spoofing[68] möglich. Nach den Autoren wäre die Problematik mit zwei Verfahrensänderungen in den Griff zu bekommen. „Am wichtigsten wäre die Umstellung sämtlicher SSL-Zertifikate von DNS-Namen auf IP-Adressen"[69]. Die Verwendung von Zertifikaten stellt eine andere Lösung dar. Solange die Spoofing-Problematik nicht als gelöst angesehen werden kann, ist die Vorsicht der Benutzer besonders wichtig. Der genaue Ablauf von DNS-Spoofing ist in [MW97] beschrieben.

3.5.3. Geschlossene Benutzergruppen

Geschlossene Benutzergruppen (GBG's) gibt es in zwei Varianten:

Statische Informationen, die jedoch nur einem ausgewählten Personenkreis zur Verfügung stehen sollen, lassen sich außerhalb des durch das Firewallsystem gesicherten Bereiches passwortgeschützt auf dem WWW-Server ablegen. Ein direkter Zugriff auf operationale Daten ist nicht erforderlich. Zu denken wäre als Beispiel an die Einkaufspreise für einen Einzelhändler oder im Versicherungsbereich etwa an die Ausschreibungsbedingungen für einen Verkaufswettbewerb. Die gängigen WWW-Server bieten entsprechende Mechanismen an[70].

Sollte jedoch der Zugriff auf Teile des operationalen Datenbestandes notwendig sein, so ist eine weitergehende Sicherheit notwendig. Technisch handelt es

---

[68]Unter DNS-Spoofing versteht man die in [Art97] geschilderte Art von Angriffen: „Das DNS-Protokoll beinhaltet einige prinzipbedingte Schwachpunkte, die dazu führen, daß ein Angreifer Antworten echter Server fälschen kann und damit Verbindungen umlenkt und so an sensitive Daten gelangen kann"(DNS=Domain Name Service).

[69]Ein gültiger DNS-Name ist beispielsweise www.allianz-leben.de. Bei der Umsetzung würde er beispielsweise durch die IP-Adresse 194.221.99.184 (IP-Adresse der Allianz Leben bei ihrem Internet-Provider) umgesetzt.

[70]Der weit verbreitete Apache-Server sieht dafür alternativ die Datei access.conf oder die .htaccess-Files vor.

sich hierbei um die gleichen Verfahren wie für die Online-Transaktionen (s. Abschnitt 3.5.4.3). Lediglich die Verwendung von TANs[71] entfällt, solange keine Daten verändert werden sollen.

3.5.4. Online-Transaktionen

Bisher ist das Hauptanwendungsgebiet für Online-Transaktionen der Homebankingbereich, der infolge seines relativ hohen Transaktionsvolumens je Kunde für diese Vorreiterrolle prädestiniert ist.

Dabei verlassen sich die Banken heute auf die Sicherheit einer PIN[72] zum Zugriff auf ihr System und auf TANs zur Durchführung bestimmter Transaktionen.

Für den Kunden ist der Umgang mit PINs und TANs verhältnismäßig umständlich, für die Kreditinstitute durch den laufenden TAN-Versand teuer. Man suchte also nach einer Ablösung des Verfahrens und kam dabei auf die in Abschnitt 3.5.4.1 beschriebenen digitalen Signaturen. Problematisch bei der Einführung dieser Kryptotechnologien ist bislang die Tatsache, das sie Exportrestriktionen nach dem US-amerikanischen Waffenexportgesetz unterliegen [Mat97]. Danach durfte nur Software mit einem maximal 40-stelligen Schlüssel ausgeführt werden. Zumindest für Finanzinstitute sind jedoch neuerdings auch 128 Bit lange Schlüssel zulässig[Bro97, Feh97, Sch97a], so daß das Verfahren insoweit als sicher erachtet werden kann.

Bei den heute verwendeten Kryptographieverfahren ist ein Problem darin zu sehen, daß möglicherweise ein unbemerkter Zugriff auf die Schlüssel erfolgt[73]. Smartcards[74] erlauben die Erzeugung von Schlüsseln auf der Karte selbst. Da der Schlüssel dabei zu keiner Zeit - weder bei Erzeugung noch bei Verwendung - die Karte verläßt, kann auch diesem Problem bald wirksam begegnet werden[75] [Nem97].

Im Bankenbereich, d.h. für elektronische Zahlung scheinen die meisten Probleme also vor ihrer Lösung zu stehen. Wie sieht es jedoch in anderen Bereichen aus? Werfen wir einen Blick auf die Versicherungsbranche:

„Es wird viel darüber diskutiert, inwiefern eine Antragstellung bzw. Vertragsabwicklung über das Netz legitim und rechtmäßig ist. Allerdings wird angenommen,

---

[71]Transaktionsnummer. Jede TAN ist nur einmal verwendbar. Die Bank schickt einem immer rechtzeitig TANs in ausreichender Menge zu.

[72]Persönliche Identifikationsnummer

[73]Schlüssel, die normalerweise nur auf dem Rechner vorliegen, können bei Zugriff auf den Rechner ausgespäht werden.

[74]Scheckkartengroße Plastikkarten mit einem eingeschweißten Chip, der einen vollwertigen spezialisierten Mikrorechner enthält.

[75]„In Zukunft werden Chipkartenleser direkt in Tastaturen eingebaut sein und kaum mehr Zusatzkosten verursachen"[MGD97]. Erste Anbieter stellen ihre Fertigung bereits um.

daß, obwohl die technischen Voraussetzungen gegeben sind, es noch ein weiter Weg
bis zur 'virtuellen' Versicherung sein wird"[Ges96].

Neue Bonner Gesetzeswerke lassen die Zukunftsprognosen schon etwas rosiger
erscheinen. Die rechtliche Situation in Deutschland ist in Bezug auf Telekommunikation und Electronic Commerce gerade im Umbruch begriffen. Während das
Telekommunikationsgesetz am 25.07.1996 bereits in Kraft trat, ist das Gesetz zur
Regelung der Rahmenbedingungen für Informations- und Kommunikationsdienste
(IuKDG) noch wesentlich jüngeren Datums[76]. Aus diesem Grund und vor allem
wegen der immensen Bedeutung insbesondere des dritten Artikels (Signaturgesetz
(SigG)) soll hier etwas ausführlicher auf das Gesetzeswerk und seine Auswirkungen
eingegangen werden.

„Mit dem Signaturgesetz soll in einem ersten Schritt der Rahmen für die erforderliche technische und administrative Sicherheit geschaffen werden. In einem
zweiten Schritt wird geprüft, inwieweit im Zivilrecht, im Prozeßrecht und im Ver-
waltungsverfahrensrecht digitale Signaturen verwandt werden"[Rue97].

Dieser Gliederung folgend werden zunächst in Abschnitt 3.5.4.1 die digitalen Signaturen diskutiert. Danach arbeitet Abschnitt 3.5.4.2 die rechtlichen Unterschiede
zwischen einer digitalen Signatur und einer elektronischen Unterschrift heraus.

Was ist bei der Umsetzung dieser Techniken zu beachten? Mit der Beantwortung dieser Frage in Abschnitt 3.5.4.3 soll dieser Themenkomplex abgeschlossen
werden.

3.5.4.1. Digitale Signaturen

„Digitale Signaturen sind die Basistechnologie des elektronischen Rechtsverkehrs.
[. . .] Die Sicherung von Integrität und Authentizität einer elektronischen Wil-
lenserklärung ist nur mit Hilfe digitaler Signaturen möglich"[Roß97b]. Was genau
ist aber eine digitale Signatur?

> „Eine **digitale Signatur** im Sinne dieses Gesetzes ist ein mit einem
> privaten Signaturschlüssel erzeugtes Siegel zu digitalen Daten, das mit
> Hilfe eines zugehörigen öffentlichen Schlüssels, der mit einem Signatur-
> schlüssel-Zertifikat einer Zertifizierungsstelle oder der Behörde nach § 3
> versehen ist, den Inhaber des Signaturschlüssels und die Unverfälscht-
> heit der Daten erkennen läßt"[Bun97a, Art. 3, § 2, Abs. 1].

---

[76]Am 20.12.1996 wurde der Entwurf [Bun96] an den Bundesrat weitergeleitet, nach einer
Anhörung von Experten und Kompetenzstreitigkeiten mit den Ländern [Web96](Die Länder
sind für die Massenkommunikation, der Bund ist für die Individualkommunikation zuständig.)
ist der Entwurf modifiziert, am 13. Juni im Bundestag als Gesetz verabschiedet [Hoh97] und
am 04.07.97 vom Bundesrat genehmigt worden [FAZ97b]. Das Gesetz trat im wesentlichen
zum 01.08.97 in Kraft.

Die Anforderungen an eine digitale Signatur sind in [Tan96] noch deutlicher herausgearbeitet. Danach muß eine digitale Signatur drei wichtige Eigenschaften erfüllen:

- Der Empfänger einer Nachricht kann die behauptete Identität des Senders nachprüfen (*Authentication*).

- Der Sender kann den Inhalt seiner Nachricht nachträglich nicht abstreiten (*Non-Repudiability*).

- Der Empfänger kann weder eine gültige Nachricht des Senders selbst konstruieren noch eine vom Sender erhaltene Nachricht unbemerkt verändern (*Integrity*).

Bei dem hier beschriebenen Verschlüsselungsverfahren (siehe z.B. [Tan96, Abschnitt 7.1.6]) handelt es sich um eine asymmetrische Verschlüsselung nach dem Public-Key-Verfahren[77], die unter der Bezeichnung RSA-Algorithmus[78] patentiert ist. Die Anwendung anderer als der im Gesetz vorgesehen Verfahren für rechtsverbindliche Signaturen (z.B. PGP) wird sich „nicht durchsetzen können - nicht weil diese zu unsicher wären, sondern weil § 1 Abs. 1 eine gesetzliche Sicherheitsfiktion enthält"[Roß97a]. Das Versenden einer Nachricht von A nach B erfolgt gemäß dem in Abbildung 3.5[79] auf Seite 74 skizzierten Verfahren. Dabei verschlüsselt Sender A sein Dokument P mit dem öffentlichen Schlüssel von Empfänger B. Zusätzlich wendet A auf sein Dokument eine Hash-Funktion[80] (*message digest*) an und verschlüsselt das Ergebnis (*Signatur*) mit dem eigenen privaten Schlüssel.
Diese beiden verschlüsselten Dokumente sendet er an B, der das verschlüsselte Dokument P' mit seinem privaten Schlüssel und die verschlüsselte Signatur mit dem öffentlichen Schlüssel von A entschlüsselt. B berechnet nun seinerseits Hash(P) und vergleicht das Ergebnis mit dem übermittelten. Wenn diese beiden Signaturen übereinstimmen, ist das Dokument P von A und wurde unterwegs nicht verändert.
Wenn die Geheimhaltung nicht erforderlich ist, sondern es nur auf die Authentizität und Unverfälschtheit ankommt, kann auf die Verschlüsselung von P verzichtet werden. Im Vergleich zum bisher geschilderten Verfahren entfallen dann lediglich die Verschlüsselung von P bei A und die Entschlüsselung von P' bei B.

---

[77]Eine der wichtigsten Eigenschaften dieser Verfahren ist die Gültigkeit von $encrypt(decrypt(P)) = decrypt(encrypt(P))$

[78]benannt nach den „Erfindern" Rivest, Shamir und Adleman [RSA78]

[79]fehlerbereinigte Version von [Klu95, Abb. 3]

[80]Eine Hash-Funktion (message *digest*) ist eine Funktion über ein Dokument P, bei der die Berechnung von $Hash(P)$ leicht, die Berechnung von P aus $Hash(P)$ dagegen praktisch ausgeschlossen ist, und die es unmöglich macht, zwei Dokumente P und Q mit $P = Q$ zu erzeugen. Lange Zeit war der von Rivest entwickelte MD5-Algorithmus[Riv92] vorherrschend, in letzter Zeit werden zunehmend die Verfahren SHA-1 und RIPEMD-160 verwandt [Tel97].

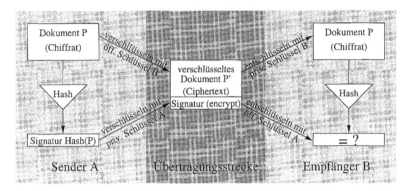

Abbildung 3.5.: Schematischer Ablauf des Austausches signierter Nachrichten mit asynchronem Verschlüsselungsverfahren

Ein wesentlicher Teil des Signaturgesetzes befaßt sich mit den sogenannten Zertifizierungsstellen. Dies sind vertrauenswürdige Unternehmen[81], die Zertifikate an natürliche Personen ausstellen. Juristische Personen werden ausschließlich über die Zertifikate ihrer Organmitglieder[82] identifiziert. Der genaue Umfang der Anforderungen an eine Zertifizierungsstelle ergibt sich nicht alleine aus dem Gesetz, sondern auch aus der darin erwähnten Signaturverordnung [Bun97b], die sich noch im Entwurfsstadium befindet. Dadurch wird sich die Inbetriebnahme der Zertifizierungsstellen verzögern. „Die Signatur nach dem neuen Gesetz wird wohl einige Zeit noch Pseudostandard sein"[Sch97c]. Man rechnet mit einem flächendeckenden Angebot nicht vor Ende 1998 oder gar erst 1999.

Dennoch: Das Signaturgesetz wird vom Gesamtverband der deutschen Versicherungswirtschaft (GDV) „sehr begrüßt als ein erster Schritt in die richtige Richtung, um die Nutzung moderner Informations- und Kommunikationsdienste für den Rechtsverkehr zu ermöglichen"[GDV97b], nicht ohne dabei weitere Schritte bezüglich der gesetzlichen Anerkenntnis digitaler Signaturen zu fordern.

Bei allem Lob wurden jedoch von verschiedener Seite auch einige Kritikpunkte an dem Gesetz geäußert. Von denen, die in der endgültigen Fassung des Gesetzes noch enthalten sind, sind die folgenden drei vielleicht die wichtigsten:

---

[81] Der sonst häufig verwendete Begriff des „vertrauenswürdigen Dritten" wurde bewußt vermieden, um zum Beispiel einer Versicherung die Ausstellung von Zertifikaten für ihre Kunden zu ermöglichen. [Bun97a, amtl. Begründung zu Art. 3, § 2, Abs. 2]

[82] Diese können neben den persönlichen Daten auch beispielsweise eine Vollmacht des Unternehmens enthalten.

Pseudonyme Die Aufdeckung der Identität eines pseudonym Handelnden ist nur unter bestimmten Voraussetzungen und nur gegenüber staatlichen Stellen möglich. „Pseudonyme sind allerdings auf ein sicheres und unbürokratisches Aufdeckungsverfahren für die Fälle angewiesen, in denen der pseudonym Handelnde sich nicht vertrags- oder gesetzeskonform verhält. Nur unter diesen Voraussetzungen ist zu erwarten, daß Pseudonyme im Rechtsverkehr von denjenigen, die gegenüber pseudonym Handelnden vorleisten, angenommen werden"[Roß97b].

Haftung Der Akzeptant einer digitalen Signatur steht im allgemeinen nicht in einer vertraglichen Beziehung zu der Zertifizierungsstelle und hat somit keine Anspruchsgrundlage gegenüber dieser; denn der „Entwurf enthält keine spezifischen Haftungsregelungen, weil er die Verschuldenshaftung nach allgemeinem Haftungsrecht für ausreichend hält. [...] Der eigentlich Schützenswerte, weil auf die Vertragsgestaltung Einflußlose, ist der Empfänger digitaler Signaturen. Ihm bleibt nichts anderes übrig, als den Zusicherungen der Zertifizierunsstelle zu vertrauen. [...] So aber wird Sicherheit versprochen, ohne daß einer dafür einsteht"[Roß97a]!

Zentralisation Das Signaturgesetz „schreibt eine flache, bundeseinheitliche, zweistufige Hierarchie mit einer einzigen Wurzel-Zertifizierungsstelle vor. [...] Die Wurzel-Zertifizierungsstelle wird zu einem zentralen Angriffspunkt. Wird einer ihrer geheimen Schlüssel [...] kompromittiert oder werden ihre Zertifizierungs- oder Sperrlisten manipuliert, wird der Aufbau von Phantom-Zertifizierungsstellen und die Erzeugung von Phantompersonen möglich"[Roß97b]. Außerdem sind „alle ausgegebenen Zertifikate ungültig"[Sch97b].

3.5.4.2. Elektronische Unterschrift

„Die Schriftform wird in vielen Rechtsbereichen für verschiedenartigste Willenserklärungen vorgeschrieben. Mindestens 3907 Regelungen in 908 Vorschriften verlangen als Schriftform die eigenhändige Unterschrift auf einer Papierurkunde"[Roß97b]. In [Erf93, Abschnitt 3.1] sind die für Versicherungsunternehmen relevanten Fälle beschrieben.

Im Gegensatz zu der oben beschriebenen gesetzlichen Schriftform (§ 126 BGB) gilt es als wahrscheinlich, daß eine digitale Signatur von der Rechtssprechung unter den Begriff der gewillkürten Schriftform (§ 127 BGB) subsumiert wird. Man spricht von der Rechtsfähigkeit der Signatur im Gegensatz zur Rechtsgültigkeit. Bei ersterer **darf**, bei letzterer **muß** ein Gericht „es dann im Falle eines Rechtsstreites als zweifelsfrei erwiesen ansehen, [...] daß bei Einsatz der digitalen Signatur sowohl Absender als auch Empfänger 'echt' und 'gewollt' sind und das Dokument vollständig und unverfälscht ist"[Kes97].

Angesichts der vielen Unklarheiten wundert es nicht, daß Experten mit der flächendeckenden Einführung nicht vor Ende 1998 rechnen. „Zwischenlösungen werden in den nächsten Jahren in 80 bis 90 Prozent der Fälle eine wichtige Rolle spielen"[Sch97c].

3.5.4.3. Die Umsetzung in der Praxis

Für die Umsetzung der oben genannten Zwischenlösungen zeichnet sich ein dreistufiges Vorgehen ab, da zwar die technischen und im wesentlichen auch die rechtlichen Voraussetzungen für sichere digitale Signaturen, nicht aber der organisatorische Rahmen der gesetzlich autorisierten Zertifizierungsstellen (*Certification Authority - CA*) vorhanden sind.

Geschlossene Benutzergruppen In geschlossenen Benutzergruppen (GBG) ist die Umsetzung schon heute möglich. „Zwei oder mehr Teilnehmer können sich auf bilateraler Basis gegenseitig zertifizieren [...], wenn sie ihr Gegenüber genau kennen"[Kel97] oder sich von (einer) Zertifizierungsstelle(n) ihres gemeinsamen Vertrauens[83] Zertifikate ausstellen lassen. Dabei steht in der Regel die sichere und vertrauliche Kommunikation, d.h. der Schutz gegen Kompromittierung durch Dritte, als Motiv im Vordergrund. Die Beweiskraft der so erstellten Signaturen muß jedoch angezweifelt werden. Es sind entsprechend der Intention eher „Vertrauenszertifikate". Im Rahmen dieses Vertrauens ist die Umsetzung heute schon möglich und auch schon realisiert.

Private Zertifizierungsstellen Der Betrieb privater Zertifizierungsstellen (CA's) ist ebenfalls bereits heute möglich. Dabei handelt es sich um CA's, die in professioneller Weise für einen größeren Kundenkreis tätig werden. Es kann sich einerseits um Anbieter wie beispielsweise *Verisign Corp.*[84] handeln, die das als ihre Kerngeschäftstätigkeit ansehen, andererseits würden möglicherweise bereits eingeführte Unternehmen mit hoher Reputation, die zusätzlich noch eine CA betreiben, also z.B. Banken und Versicherungen, das auch auf dieser Stufe noch notwendige Vertrauen schneller erreichen.

Diese privaten CA's werden ihre Kunden bei der Registrierung möglicherweise unterschreiben lassen, daß diese ihre Signatur als Unterschriftsäquivalent anerkennen. Für seriöse Anbieter sollte die Umstellung auf die gesetzlich legitimierten Zertifikate daher keine besondere Umstellung bedeuten.

---

[83]Dabei muß es sich in diesem Falle nicht um eine vollumfängliche Zertifizierungsstelle, wie sie sich der Gesetzgeber vorgestellt hat, handeln, solange ihr nur alle Mitglieder der Gruppe vertrauen.

[84]US-amerikanisches Unternehmen, weltweit bekannteste CA, nicht zuletzt aufgrund der Verwendung der Zertifikate in den Browsern von Netscape und Microsoft

Ein Hauptanwendungsbereich auf dieser Stufe wird bei Versicherungsunternehmen die Zertifizierung ihrer Mitarbeiter (insbesondere im Außendienst, zu denken wäre aber auch an Telearbeit) und eventuell ihrer Kunden sein. Damit könnte dann das bisher übliche PIN/TAN-Verfahren obsolet werden.

Gesetzlich legitimierte Zertifizierungsstellen Zertifikate dieser CA's genießen den Schutz der gesetzlichen Sicherheitsvermutung. Es wird damit gerechnet, daß sie dann flächendeckend akzeptiert werden. Dabei muß die Fläche nicht auf das Bundesgebiet beschränkt bleiben. Deutschland als Vorreiter in dieser Sache hat in § 15 SigG bereits die Erweiterung auf Länder der EU[85] oder des EWR[86] geregelt.

Den endgültigen Durchbruch verspricht man sich jedoch erst nach der Umsetzung der zweiten Stufe, also der rechtsgültigen Signatur. Dies soll einem zweiten Gesetz vorbehalten bleiben, mit dessen Verabschiedung in diesem Jahrhundert nicht mehr zu rechnen ist.

---

[85] Europäische Union
[86] Europäischer Wirtschaftsraum

3. Das Internet aus Versicherungssicht

4. Zielgruppensegmentierung

Während die Marketingstrategien in den klassischen Bereichen Printmedien und Fernsehen inzwischen vor dem Hintergrund exakter Nutzenanalysen und umfangreichen statistischen Datenmaterials zielgenau festgelegt werden können, ist das Internet für die Unternehmen Neuland. Es hat sich gezeigt, daß durch die Symbiose von Printmedien und TV ein Medium sui generis entstanden ist.

Nach der ersten Phase explosionsartigen Wachstums ist es für die Anbieter jetzt wichtig, sich neu zu positionieren. Es ist nicht mehr ausreichend, im Internet *irgendwie* präsent zu sein. Aus Sicht vieler Nutzer ist der anfängliche Reiz des Neuen schnell einer Konzentration auf das Wesentliche gewichen.

Was jedoch ist für welchen Kunden wesentlich?

„Was muß, soll, kann und darf"[Vil97] ein Versicherungsunternehmen seinen Online-Kunden präsentieren? Dieser Fragestellung wurde in der Studie [AH96] für 10 ausgewählte Branchen - darunter auch Banken und Versicherungen - erstmalig[1] detailliert nachgegangen.

Aufgrund des begrenzten Fokusses der Studie auf das Privatkundengeschäft können ihre Ergebnisse den hier aufgespannten Rahmen nicht vollständig abdecken. Wegen ihrer Qualität, Aktualität und da der Privatkundenbereich letztlich das Herzstück der Internetpräsenz darstellt, nimmt die Studie jedoch großen Raum innerhalb dieser Ausführungen ein.

In diesem Kapitel sollen alle Personenkreise betrachtet werden, die ein vitales Interesse an einem Internetauftritt des jeweiligen Versicherers haben. Bewußt ausgenommen wurden dabei die (Innendienst)-Mitarbeiter, bei deren Einbeziehung man von einem Intranet spricht, für das ganz andere Maßstäbe gelten[2]. Beim Außendienst ist die Abgrenzung zum Intranet nicht so klar, was an dessen heterogener Struktur liegt[3]. Der Außendienst soll hier mit einbezogen werden.

---

[1] nach Eigenaussage der Autoren

[2] Zumindest aus Sicht des Arbeitgebers dominieren hier Effizienz- über Marketingkriterien.

[3] Der Marketingaspekt tritt vom Makler, der an kein Unternehmen gebunden ist und daher umworben werden muß, bis zum Angestellten im Außendienst immer mehr zugunsten einer effizienten Steuerung in den Hintergrund.

Wenn im Folgenden die fünf großen Zielgruppen

- **Kunden bzw. Interessenten** (→ Abschnitt 4.1)
- **Außendienst** (→ Abschnitt 4.2)
- **Presse und Medien** (→ Abschnitt 4.3)
- **Aktionäre und Analysten** (→ Abschnitt 4.4)
- **Stellensuchende** (→ Abschnitt 4.5)

untersucht werden, so sind diese Gruppen nicht notwendigerweise disjunkt. Man denke nur an einen Journalisten, der nebenberuflicher Versicherungsvertreter ist. Außerdem versichert er sich selbst bei dieser Gesellschaft und ist als Aktionär an ihr beteiligt.

Die Kunst besteht nun darin, einerseits ein homogenes Corporate-Identity-Konzept umzusetzen, andererseits gezielt und kundengruppenspezifisch auf die Bedürfnisse der heterogenen Klientel einzugehen.

4.1. Versicherungskunden

Wie macht man aus einem Interessenten einen langfristig zufriedenen Kunden? Diese Frage beinhaltet die beiden Aspekte Neukundengewinnung und Serviceleistungen. Wenn man dann noch zusätzlich zwischen Privatpersonen und Firmen differenziert, spannen diese beiden Achsen den Betrachtungsraum auf (s. Abbildung 4.1 auf Seite 81)

4.1.1 Privatpersonen als Neukunden

Eine Privatperson, die noch kein Kunde des Versicherers ist, will zunächst einmal das Versicherungsunternehmen und dessen Produktpalette kennenlernen. Dabei kann das Informationsbedürfnis nach Art und Intensität sehr unterschiedlich sein. Allen gemeinsam ist jedoch, daß sie die Seite bewußt aufgerufen haben, also ein gewisses Interesse an der Gesellschaft vorhanden ist[4]. Um den potentiellen Kunden auf die eigene Internet-Site aufmerksam zu machen, bedient sich der Versicherer verschiedener Möglichkeiten. Er kann die URL[5] seiner Homepage innerhalb seiner Werbung in Print- und TV-Medien kommunizieren. Er kann Bannerwerbung[6] auf

---

[4]Dies gilt allerdings uneingeschränkt nur solange, bis sich die Push-Technologie (s. Abschnitt 3.4) durchgesetzt hat. Dort wird nicht mehr das konkrete Angebot, sondern ein Themenkreis selektiert.

[5]Universal Ressource Locator, Internetadresse

[6]Eine (unter Umständen animierte) Graphik, die den Surfer durch Anklicken auf die Seiten des Versicherers führt.

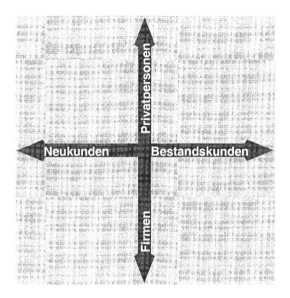

Abbildung 4.1.: zweidimensionale Kunden-Charakterisierung

attraktiven Internetseiten kaufen. Besonders aussichtsreich und kostengünstig ist es, wenn die Versicherung es durch ein attraktives Angebot schafft, in verschiedene „Hotlists" in Printmedien oder im Netz selbst aufgenommen zu werden.

Ein Teil der Nutzer ist lediglich auf der Suche nach einem Kommunikationsweg zu dem Versicherungsunternehmen. Die Palette reicht von Telefon-/Faxnummer über die Postanschrift bis zur e-mail-Adresse. Gerade im Versicherungsbereich ist der persönliche Kontakt noch sehr verbreitet. Hier ist es also interessant zu erfahren, wo im Umkreis des Interessenten die nächste Niederlassung oder der nächste Außendienstmitarbeiter des Versicherers ist.

Ideal ist der Link auf eine Homepage des zuständigen Außendienstmitarbeiters. Damit ist das anonyme Image eines großen Versicherungskonzerns sofort dem Betreuungsverhältnis durch den persönlichen Ansprechpartner gewichen. Per e-mail ist er immer erreichbar.

Daneben sollte jeder Interessent allerdings auch die Möglichkeit haben, bewußt auf diese Betreuung zu verzichten und nur mit dem Versicherer direkt zu kommunizieren. Beim Außendienst findet dies verständlicherweise keine große Akzeptanz.

So muß sich jeder Versicherer entscheiden, ob er dem Wunsch mancher Kunden oder der abwehrenden Haltung seines Außendienstes folgt. Bei den traditionellen großen Versicherern, deren Vertriebskonzept ganz entscheidend auf der langjährigen Betreuung durch den eigenen Außendienst beruht, ist der Kontakt über den Vertreter daher derzeit eine conditio sine qua non.

Eine Lösung wäre unter Umständen, den Kunden zwar direkt zu bedienen, ihn aber in jedem Fall einer Agentur zuzuordnen. Auf diese Weise wäre beiden Seiten geholfen. Der Mitarbeiter hätte (bei sicherlich deutlich niedrigeren Provisionssätzen als bei selbst vermitteltem Geschäft) einen zusätzlichen Verdienst, ohne dadurch Mehrarbeit zu haben. Der Versicherer erhielte einen Kunden zu günstigen Konditionen, den er sonst aufgrund dessen geringer Affinität zur Betreuung durch einen Außendienstmitarbeiter wahrscheinlich nicht hätte für sich gewinnen können. Einen anderen Lösungsweg gehen manche Gesellschaften durch Gründung einer Direktversicherungstochter.

Der andere Teil der Nutzer will sich konkret informieren. Er will sich ein Bild von dem Versicherungsangebot für Privatkunden machen. Auf Wunsch kann er in einer interaktiven Beratung seinen individuellen Versicherungsbedarf ermitteln. Dabei kann er jederzeit auf ein Lexikon/Glossar von Fachbegriffen zurückgreifen. In jedem Fall sollte die Möglichkeit bestehen, sich direkt am Bildschirm konkrete Versicherungsangebote berechnen zu lassen. In einem Online-Medium wie dem Internet ist ein Offline-Angebot per Post oder Vertreter nicht die adäquate Antwort - es sei denn, der Benutzer wünscht es so.

Der Benutzer muß die Möglichkeit haben, den Grad der Informationstiefe selbst zu wählen. Angefangen bei einer Übersichtsseite „Was ist eine Kapitallebensversicherung mit Berufsunfähigkeitszusatzversicherung?"[7] mit kurzen Erläuterungen kann er in alle gewünschten Richtungen verzweigen. Er kann sich Beispiele von Versicherungsfällen anzeigen lassen, sich über die Gründe für den Abschluß dieses Vertrages ebenso informieren lassen, wie er sich ein individuelles Angebot berechnen lassen kann. Ob ein Online-Vertragsabschluß angeboten wird, ist eine geschäftspolitische Entscheidung. Wer es noch genauer wissen will, kann sich ein Dokument wie das in Schriftform verfügbare „Ihre ALLIANZ Lebensversicherung und was Sie darüber wissen sollten" ansehen, wobei dies mediengerecht umgesetzt werden sollte. Schließlich kann er sich alle dem Vertrag zugrundeliegenden Normen wie (in der Reihenfolge vom Speziellen zum Allgemeinen) Besondere Lebensversicherungsbedingungen[8], Allgemeine Lebensversicherungsbedingungen (ALB), Versicherungsvertragsgesetz (VVG) und Gesetz zur Regelung des Rechts der Allgemeinen Geschäftsbedingungen (AGB) ansehen oder herunterladen. Schließlich

---

[7]Die Sparte und die spezielle Vertragsart sind nur ein Beispiel.

[8]Ein Beispiel wären die Besonderen Bedingungen für die Lebensversicherung mit planmäßiger Erhöhung der Beiträge und Leistungen ohne erneute Gesundheitsprüfung.

sollten dem Interessenten noch Kontaktadressen für weitere Fragen oder auch zum Abschluß angeboten werden. Dabei sollte mindestens je eine Person im Innen- und Außendienst mit Telefon-, Telefax-, e-mail- und Postadresse sowie gegebenenfalls mit ihrer Homepage als Ansprechpartner angeboten werden.

Ob man beispielsweise einem Interessenten für eine Kfz-Versicherung eine Versicherungsbestätigung („Doppelkarte") zusendet, hängt von der Geschäfts- bzw. Annahmepolitik ab. Da jedoch gemäß §5 PflVG[9] ohnehin Kontrahierungszwang bezüglich der Kraftfahrthaftpflichtversicherung mit den Mindestdeckungssummen[10] besteht, würde dies lediglich den Verzicht auf gewisse formelle Restriktionen zur Risikoselektion[11] bedeuten. Die Erfahrung zeigt, daß sich viele Kunden erst dann um eine Doppelkarte bemühen, wenn sie sie bereits dringend benötigen. Das bedeutet, daß im Extremfall der Versicherer gewählt wird, von dem man auf die Schnelle überhaupt die gewünschte Deckungskarte bekommt. Hier wäre die Gelegenheit für den Versicherer gegeben, durch einen besonderen Service Wettbewerbsvorteile zu erlangen. Was im Versandhandel längst üblich ist („Wenn Sie heute morgen bestellen, haben Sie noch am selben Abend ... "), stünde der Versicherung ebenfalls gut zu Gesicht: Die Doppelkarte, die abends am Rechner angefordert wurde, wird vollautomatisch per Eilboten verschickt und ist bereits am Vormittag beim Kunden. Die Versandkosten werden beim Zustandekommen des Vertrages (teilweise) mit dem Einlösungsbeitrag verrechnet.

Wie auch in der Studie [AH96] deutlich wurde, ist im Bereich Lebensversicherung die Berechnung der Rentenanwartschaft bzw. eine Prognose der bis zum Ruhestand erreichbaren gesetzlichen Rente eine Dienstleistung, die von vielen Interessenten gerne genutzt wird. Schon aus Datenschutzerwägungen (evtl. auch aus Zeitgründen) wird ein Neukunde jedoch nicht seine gesamte Beitragshistorie über das Netz offenlegen wollen. Es bleibt daher meist bei einer pauschalierten, anonymen Berechnung, die auf dem momentanen Einkommen, dem Alter und der Summe der bisherigen Beitragszeiten fußt[12]. Dennoch ist das Verfahren gut dafür geeignet, eine Vorstellung sowohl von der Größenordnung der Versorgungslücke zu bekommen, als auch von den Möglichkeiten, diese zu decken.

Noch besteht seitens der Kunden kein Interesse daran, Versicherungsverträge online rechtsgültig zu vereinbaren [AH96, S. 193/194, S. 210]. Sobald die Datenübertragung vom Kunden für sicher gehalten wird und das IuKDG[13] umgesetzt

---

[9]Pflichtversicherungsgesetz

[10]z. Zt. 5 Millionen DM für Personen-, 1 Million DM für Sach- und 100.000 DM für reine Vermögensschäden

[11]Die Aushändigung der Deckungskarte kann beispielsweise von der Stellung des Antrages und Zahlung des Erstbeitrages abhängig gemacht werden.

[12]Mitunter wird sogar nur das aktuelle Einkommen zugrundegelegt. Die ermittelten Werte sind dann jedoch mit viel Vorsicht zu genießen (um nicht zu sagen ungenießbar).

[13]Gesetz zur Regelung der Rahmenbedingungen für Informations- und Kommunikationsdienste

ist[14], wird sich der Online-Abschluß — beginnend mit kleineren Verträgen wie zum Beispiel der Reisegepäck- oder Schutzbriefversicherung — etablieren.

Sie und Ihre Familie	→	Lebens-, Unfall-, Privathaftpflichtversicherung
Gesundheit	→	(Reise)-Krankenversicherung
Alter, Rente	→	Lebens-, Rentenversicherung, Fonds
Wohnung, Haus	→	Hausrat-, Glas-, Gebäude-, Haushaftpflicht-, Gewässerschadenhaftpflicht-, Bauversicherung, Hypothek, Immobilienmanagement
Kfz	→	Kraftfahrt-, Verkehrsrechtsschutz-, Schutzbriefversicherung
Reise	→	Reisekranken-, -Rücktritts-, -Unfall-, -Gepäck-, -Haftpflichtversicherung
Computer, Technik	→	EDV-Geräte-Versicherung und andere technische Versicherungen
Ihr gutes Recht	→	Rechtsschutzversicherung
Hobby, Freizeit	→	Unfall-, Spezialhaftpflichtversicherung, Versicherung für (Sport)-Vereine
Haustier	→	Privat-, Hunde-, Pferdehaftpflicht-Versicherung
Geldanlage	→	Lebensversicherung mit Beitragsdepot oder Einmalbeitrag, Fond, Bausparvertrag, Versicherer-Aktie
Beruf	→	Direktversicherung, Anlage vermögenswirksamer Leistungen

Tabelle 4.1.: Begriffe aus der Welt des Privatkunden führen diesen zum passenden Versicherungsschutz

Hilfreich ist auch ein Angebot wie das der Met Life. Ausgehend von Begriffen oder Ereignissen aus Sicht des Kunden präsentiert sie ihr Dienstleistungsspektrum (s. Abbildung 3.3 auf Seite 61). Etwas spezifischer sind die in Tabelle 4.1 (auf Seite 84) zusammengestellten Assoziationen.

In jedem Fall ist es wichtig, die Chance zu nutzen, daß sich der Interessent an den Versicherer gewandt hat. Da es sich ja (noch) um keinen Kunden handelt, ist der Kontakt abgebrochen, sobald der Nutzer sich einer anderen Internetseite zuwendet. Es ist Aufgabe des Versicherers, ihn zuvor zu motivieren, eine Kontaktmöglichkeit (z.B. e-mail-, Postadresse oder Telefonnummer) zu hinterlassen. Gewinnspiele, Feedbackformulare oder Formulare zur Anforderung von Unterlagen sind Beispiele hierfür. Besonders interessant scheint dem Autor ein e-mail-Newsservice zu sein. Dadurch wird der Kunde regelmäßig über alle Aktivitäten

---

[14]siehe hierzu auch die Diskussion in Abschnitt 3.5.4

des Versicherers informiert. Dieser hat so die Gelegenheit, sich dem Kunden immer wieder kostengünstig und in informativer Weise in Erinnerung zu bringen.

Der Versicherungsmarkt ist ein Käufermarkt, bei dem latente Schutzbedürfnisse des Kunden erst vom Versicherer geweckt werden müssen. Es ist daher wichtig, daß der Versicherer die Initiative ergreifen kann.

4.1.1.1. Optimales Online-Werbekonzept für Versicherungen

Dies ist der Titel von Kapitel C.9 in der Studie [AH96]. Die Tatsache, daß hier in wissenschaftlich fundierter Weise nach den Präferenzen der Verbraucher gefragt wurde, macht diese Studie so wertvoll. Während bisher verwirklicht wurde, was technisch möglich und innovativ war, setzt jetzt eine gewisse Konsolidierung ein, die mit einer Konzentration der informationstechnischen Ressourcen des Versicherers auf den *customer value* einhergeht.

Von insgesamt 815 Teilnehmern der Umfrage haben fast 300 den Fragebogen zur Versicherungsbranche beantwortet[15]. Dabei mußten Sie (im Falle der Versicherung) 19 Komponenten, die ein Internetangebot ausmachen, mit einer Zahl von eins (unwichtig) bis 6 (sehr wichtig) bewerten. Die Ergebnisse der Branchen Banken und Versicherungen sind in den Abbildungen 4.2 und 4.3 auf den Seiten 86 und 87 zusammengestellt.

Durchschnittliche Bewertungen von fünf und besser machen die Komponente zu einer Muß-Komponente, die für den Internet-Auftritt eines Unternehmens in dieser Branche unerläßlich und für alle Zielgruppen relevant ist. Entsprechend wurden die anderen Bestandteile als Soll-Komponenten (4,0 - 4,9; entscheidend, jedoch von Zielgruppe abhängig), Kann-Komponenten (3,0-3,9; nicht zwingend, attraktivitätssteigernd je nach Zielgruppe) und Darf-Komponenten (<3,0; verzichtbar, im Einzelfall für ausgewählte Zielgruppen interessant) bezeichnet.

Rund einen Monat nach der ersten Befragung wurden mittels einer zweiten Befragung (sogenannte Conjoint-Analyse) die Ergebnisse der ersten Umfrage validiert, komprimiert, Teilnutzenwerte errechnet und die Probanden zu Clustern zusammengefaßt[16].

Die Anteile der acht wichtigsten Komponenten[17] am Gesamtnutzen der Befragten sind in Abbildung 4.4 auf Seite 88 zusammengefaßt.

Mit den Mitteln der Clusteranalyse wurden dann die drei Haupttypen von Versicherungsinteressierten herausgearbeitet: „Der *Interactive Consumer* legt Wert auf interaktiv abrufbare und individuell selektierbare Informationen", „der *Online Transactor* will das Medium Internet zur Erleichterung von Routinetransaktionen

---

[15] Die Teilnehmer konten sich fünf von zehn Branchen auswählen. Der Affinitätsindex (Versicherungen =73, Durchschnitt=100) wurde anhand dieser Auswahl errechnet.

[16] Die genaue Durchführung ist in [AH96] beschrieben.

[17] Diese wurden mittels Verfahren der multivariaten Statistik nach der ersten Befragung ermittelt.

Online-Transaktionen (5,6)

Konditionen und Leistungen (5,4)

Anlage- und Sparmöglichkeiten (5,0)
Download Finanzsoftware (4,9)
Bestellung von Broschüren (4,8)

Aktuelle Börsenkurse (4,6)
Interaktive Steuerberatung (4,6)

Interaktive Anlageberatung (4,3)
Aktuelle Wirtschaftsdaten (4,3)
Online-Sortenbestellung (4,2)
Bankleitzahl-/Filialsuche (je 4,2)
Unternehmensinformationen (4,1)
Interaktive Kreditberatung (4,1)
Jobangebote (4,0)
Presserundschau (4,0)

Kundenberaterverzeichnis (3,7)
Immobilienangebot (3,7)
Berufs-/Studienberatung (3,5)
Virtueller Hausbau (3,4)
DAX-Gewinnspiel (3,2)
Finanzgewinnspiel (3,1)

Infos über Sponsoringaktivitäten (2,8)

Abbildung 4.2.: Klassifikation der Komponenten aus Internetauftritten von Banken nach dem Grad der Relevanz für den Benutzer (Quelle: Die optimale Online-Werbung für jede Branche, MGM MediaGruppe München/SPIEGEL-Verlag [AH96])

Übersicht Versicherungsangebote (5,5)
Interaktives Versicherungsangebot (5,5)

Online-Schadenmeldung (5,1)
Versicherungspaket-Angebot (5,0)

Interaktive Rentenberechnung (4,7)
Niederlassungsverzeichnis (4,6)

Prospektbestellung (4,4)
Kundenberaterverzeichnis (4,4)

Tips zur Schadenvermeidung (4,0)

Unternehmensinformationen (3,9)
Jobangebote (3,9)
Versicherungsstatistiken (3,7)
Versicherungsforum (3,6)
Online-Versicherungsabschluß (3,6)
Risikobereitschaftstest (3,5)
Erste-Hilfe-Gewinnspiel (3,4)
Interaktiver Fahrverhaltenstest (3,3)
Politisches Meinungsforum (3,2)

Informationen über Sponsoring (2,6)

Abbildung 4.3.: Klassifikation der Komponenten aus Internetauftritten von Versicherungen nach dem Grad der Relevanz für den Benutzer (Quelle: Die optimale Online-Werbung für jede Branche, MGM MediaGruppe München/SPIEGEL-Verlag [AH96])

Bestellung von Infos/
Terminierung von Gesprächen

Interaktives
Niederlassungsverzeichnis

Interaktives
Kundenberaterverzeichnis

Interaktive
Rentenberechnung

Übersicht über
alle Versicherungsangebote

Möglichkeit, Schadenfälle
online zu melden

Interaktives Angebot eines
kompletten Versicherungspakets

Interaktives Angebot
einer speziellen Versicherung

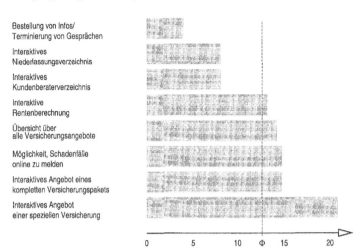

```
0        5        10    Φ  15       20
```

Abbildung 4.4.: Nutzenprofil von Versicherungsangeboten. Mit Φ ist der Durchschnitt bezeichnet. (Quelle: Die optimale Online-Werbung für jede Branche, MGM Media-Gruppe München/SPIEGEL-Verlag, 1996) [AH96]

nutzen", der *Benefitter* schließlich legt „Wert auf den interaktiven Informationsabruf. [...] Am eigentlichen Produkt ist er nur wenig interessiert".

Während die Studie immer mit Affinitätsindizes arbeitet, also den relativen Anteil der Versicherungsinteressierten an den Befragten ermittelt, ist es sehr aufschlußreich, diese Affinitäten einmal bezüglich Alter und Geschlecht auf die Grundgesamtheit herunterzurechnen. Die Ausgangsdaten sowie die daraus berechneten Ergebnisse sind in den Tabellen 4.2 und 4.3 auf Seite 90 zusammengestellt[18].

Dabei zeigt sich, daß das Interesse an Versicherungen einer ähnlichen demographischen Struktur wie die Nutzung des Internet überhaupt folgt, weswegen die Profile noch krasser ausfallen. Das heißt aber andererseits auch, daß die Auftritte der Versicherer auf fruchtbaren Boden treffen.

Über die Hälfte der Nutzer sind zwischen 21 und 30 Jahren alt, von je 15 Besuchern der Versicherungs-Sites sind 13 männlich. Bei der Entwicklung des Angebotes ist es also ratsam, sich als Benutzer einen Mann um Mitte zwanzig vorzustellen und sich dessen Wünsche zu vergegenwärtigen.

---

[18]Zwar ist die siebte Umfrage der GVU bereits erschienen (siehe auch Auszüge daraus in Anhang A). Dort ist die Altersstatistik jedoch leider für die Zwecke hier unbrauchbar. Dem einführenden Text zur siebten Studie zufolge hat sie sich aber nicht wesentlich verändert. Bei den Berechnungen wurde generell auf die Werte der sechsten Studie zurückgegriffen.

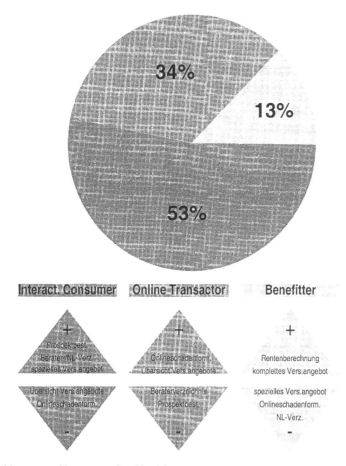

Abbildung 4.5.: Clusterung der Versicherungsinteressenten in drei Haupttypen
(Quelle: Die optimale Online-Werbung für jede Branche, MGM MediaGruppe München/SPIEGEL-Verlag
[AH96])

Alters-gruppe	Anteil Altersgruppe an Internet-Usern	Affinitätsindex zu Versicherungen	Anteil Versicherungsinteres-senten an Internet-Usern
	lt. GVU 6th survey	lt. MGM-Studie	errechnet
bis 20	16,81%	87	13,40%
21-30	45,81%	123	51,63%
31-40	22,45%	121	24,89%
41-50	9,87%	90	8,14%
über 50	14,87%	45	2,01%

Tabelle 4.2.: Altersstruktur der Versicherungsinteressenten

Geschlecht	Anteil Geschlecht an Internet-Usern	Affinitätsindex zu Versicherungen	Anteil Versicherungsinteres-senten an Internet-Usern
	lt. GVU 6th survey	lt. MGM-Studie / errechnet	errechnet
weiblich	19,85%	52	13,43%
männlich	80,15%	83	86,57%

Tabelle 4.3.: Geschlechtsstruktur der Versicherungsinteressenten

4.1.2. Private Bestandskunden

Bestandskunden sind dem Versicherer namentlich bekannt. Er ist in der Lage, sie zu identifizieren. Sei es derzeit noch mit einer PIN[19], wie sie von den Banken bekannt ist, sei es demnächst mittels digitaler Zertifikate (s. Abschnitt 3.5.4.1). Damit ist er in der Lage, auf die gespeicherten Daten des Kunden zurückzugreifen. Umgekehrt kann er autorisierte Mitteilungen des authentifizierten Kunden entgegennehmen.

Zur Akzeptanz dieser Verfahren müssen dem Kunden gegenüber die eingerichteten Authentifizierungs- und Autorisierungsverfahren gut dokumentiert werden.

Während bisher für viele Dinge die Schriftform notwendig war (z.B. für die Erteilung einer Lastschriftermächtigung; s. dazu auch [Erf93, S. 16ff]), „ist klarzustellen, daß auch elektronische [...] Datenspeicher, die gedankliche Inhalte verkörpern, [...] den Schriften gleichstehen"[Bun96, Begründung zu Artikel 4, Nummer 1].

Die Ausführungen für den privaten Neukunden sind natürlich auch nach dessen erstem Versicherungsabschluß noch gültig, so daß hier insoweit darauf verwiesen werden kann. Der Kunde hat sich jedoch schon für den Versicherer entschieden. Es ist jetzt also weniger wichtig, ihn mit plakativen Versprechungen zum Abschluß weiterer Versicherungen zu locken, als vielmehr die Versprechungen durch einen gelungenen und insbesondere individuellen Service einzulösen. Die Präsentation

---

[19]Personal Identification Number

des Versicherungsunternehmens und seiner Produktpalette treten also ein klein
wenig in den Hintergrund.

Dafür kommen viele Serviceleistungen speziell für den Bestandskunden neu
hinzu. Andere werden modifiziert.

Eine mögliche Modifikation bei der Rentenberechnung wäre das Angebot des
Versicherers, die Beitragszeiten zur Rentenversicherung für den Kunden zu speichern. Er muß so jede Jahresmeldung des Rentenversicherungsträgers genau einmal
erfassen und kann sich jedes Jahr ohne viel Aufwand seine erreichten Anwartschaf-
ten berechnen lassen[20].

Die Anzeige aller Verträge des Kunden, sowohl in einer Gesamtübersicht als
auch jeder Vertrag im Detail, ist für den Kunden eine hilfreiche Serviceleistung.
Dies umso mehr, falls die Gesamtbeitragsbelastung aus allen Verträgen für jeden
Monat und als Monatsdurchschnitt ausgewiesen würde (s. Abbildung 4.6 auf Seite
92).

Änderungen von Anschrift, Telefon oder Bankverbindung[21] bieten sich für eine Direkteingabe durch den Kunden an. Zusätzlich zu diesen Änderungen an den
Personenstammdaten sind auch einfache Vertragsänderungen denkbar. Geeignet
wäre beispielsweise die Umwandlung einer bestehenden Vollkaskoversicherung in
der Kfz-Sparte in eine Teilkaskoversicherung. Idealerweise kann der Versicherungsnehmer sich die Änderungen an Beitrag und Deckungsumfang anzeigen lassen, um
sich dann qualifiziert zu entscheiden. Gegebenenfalls müßten auch mit der Umstellung verbundene Änderungen der zugrundeliegenden Vertragsbedingungen[22] dem
Kunden dargestellt werden. Da es sich hierbei um keine Risikoerhöhung handelt,
kann dem Kunden die Änderung direkt bestätigt werden.

In der Haftpflichtversicherung wäre die Anmeldung zusätzlicher Risiken im
Rahmen der Vorsorgeversicherung denkbar. Hier kann dem Kunden die gewünschte
Änderung nur unter dem Vorbehalt der Zustimmung des Versicherers bestätigt
werden. Es gilt jedoch genau zu prüfen, welche Geschäftsvorfälle so oft vorkommen,
daß sich der Aufwand ihrer Implementation lohnt.

Änderungen des Zahlungsweges (Rechnung, Lastschrift) wie des Zahlungsrhyth-
mus (monatlich, viertel-, halb-, jährlich) sowie der Hauptfälligkeit bieten sich bei
allen Verträgen an.

Auch die Anforderung bestimmter Dokumente und Bescheinigungen muß nicht
weiter als einen Mausklick vom Kunden entfernt sein. Zu denken wäre hier an
die Anforderung einer IVK[23], einer Versicherungsbestätigung (Doppelkarte) oder
einer Steuerbescheinigung.

---

[20]Die Ergebnisse sind zwar nicht verbindlich, in der Regel jedoch sehr präzise.
[21]Zum bislang geltenden Schriftformerfordernis und möglichen Änderungen in der Zukunft siehe
Abschnitt 3.5.4.2
[22]Wechsel auf neueste AKB (Allgemeine Kraftfahrt-Versicherungsbedingungen)
[23]Internationale Versicherungskarte in der Kraftfahrtversicherung („Grüne Karte")

4. Zielgruppensegmentierung

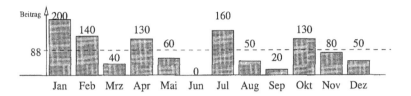

Ihre Versicherungsbeiträge haben eine Höhe von durschnittlich 88 DM monatlich.

Abbildung 4.6.: Beispielhafte Graphik zur Förderung der Beitragstransparenz beim Kunden

Ein wichtiger Punkt aus Sicht des Kunden ist auch die Möglichkeit, einen Schadensfall online zu melden (s. [AH96]). Sinnvollerweise wird man die wichtigsten Verhaltensmaßregeln (polizeiliche Meldung, Verbot der Anerkennung von Ansprüchen, Sofortmaßnahmen ...) und Telefonnummern (Schadenabteilung, Notfall-Service, Assistance-Center, Außendienstmitarbeiter ...) anzeigen.

Insgesamt wird man die Akzeptanz des Bestandskunden und damit dessen regelmäßigen Besuch auf den Versicherungsseiten dann erreichen können, wenn man ihm die Möglichkeit gibt, die wichtigsten Geschäftsvorfälle sicher und bequem von zu Hause aus durchführen zu können. Desweiteren ist die laufende Aktualisierung des Angebots sicherzustellen, um dem Kunden den erneuten Besuch lohnend erscheinen zu lassen.

Die Akzeptanz von Seiten des Außendienstes ist im Bestandspflegebereich sicherlich höher als bei der Neukundenaquisition, da er hier von vielen Routinetätigkeiten (z.B. Auskünfte oder kleinere Vertragsänderungen) entlastet wird. Mittels e-mail kann man den Vertreter dabei über alle Wünsche und Nachrichten des Kunden auf dem laufenden halten.

4.1.3. Firmen-Neukunden

Vieles läßt sich von den privaten Neukunden auf die Firmen-Neukunden übertragen. Im folgenden sollen daher nur die Unterschiede genannt werden.

Firmenkunden haben einen anderen Versicherungsbedarf. Hier stehen die gewerbliche Sachversicherung und die betriebliche Altersversorgung[24] im Vordergrund.

Im Gegensatz zum Privatkundenmarkt mit einem relativ homogenen Versiche-

---

[24]Lebensversicherungskonzepte oder verwandte Lösungen zur Altersversorgung der Mitarbeiter

rungsbedarf sollte bei Firmen zu Beginn einer Kundenbeziehung[25] eine Analyse der individuellen Risikosituation erstellt werden. Das Risk-Management, auf das im Rahmen dieser Arbeit nicht vertieft eingegangen werden soll, befaßt sich im Anschluß an die Analyse auch mit der Klassifikation der Risiken. Welche sind existenzbedrohend, welche hart aber tragbar und welche ohne gravierende Auswirkungen auf das Ergebnis und die Marktstellung. Erstere „müssen", zweitere sollten und letztere können versichert werden. Der Gesamtverband der Deutschen Versicherungswirtschaft hat als ersten Ansatz eine Checkliste erstellt [GDV97a, S. 13], die in Abb. 4.1.3 auf Seite 94 wiedergegeben ist. Professionelles Risk-Management geht darüber weit hinaus.

Im Bereich der betrieblichen Altersversorgung stehen wieder andere Überlegungen im Vordergrund. Einerseits möchte ein Unternehmen seinen Mitarbeiter eine Alters- und Hinterbliebenenversorgung bieten[26], andererseits möchte es sich den damit verbundenen Risiken nicht aussetzen. Steuerlich soll diese Maßnahme zumindest nicht nachteilig sein[27].

Sowohl in der Sach- als auch in der Lebensversicherung ist der Grad der Individualität so hoch, daß die für Privatkunden entwickelten Standardangebote hier nicht zielführend sind. Aus diesem Grund beschränken sich die meisten Anbieter momentan auf eine enumerative Darstellung der Produkte mit kurzen Erläuterungen. Dieser Ansatz ist gleich aus zwei Gründen unvorteilhaft. Zum einen nehmen diese Unternehmen die falsche Perspektive ein (Präsentation der eigenen Angebotspalette statt Problemlösung für den Kunden), zum anderen bleiben die Informationen doch sehr an der Oberfläche.

Verschiedentlich wird daher über eine Beratungskomponente nachgedacht, also einen Dialog, bei dem der Interessent durch Fragen auf die für ihn maßgeschneiderte Lösung hingeführt wird. Zur Verwirklichung bieten sich etwa wissensbasierte Systeme an. In [RB96] werden die Problematik und auch erste Lösungsansätze beschrieben. Derzeit ziehen die Autoren jedoch noch ein ernüchterndes Fazit: „Dementsprechend sind auch erste Ansätze für den Aufbau einer WWW-basierten Beratung erkennbar, allerdings erscheinen diese derzeit noch sehr experimentell und ohne betriebswirtschaftlich fundiertes Konzept implementiert".

4.1.4. Firmen-Bestandskunden

„Im Bereich der Verwaltung von großen Firmen-Versorgungseinrichtungen für Arbeitnehmer, die mit Lebensversicherungen finanziert werden, gibt es heute bereits

---

[25] und natürlich auch danach in regelmäßigen Intervallen

[26] Häufiges Motiv ist die Erhöhung der Mitarbeiterzufriedenheit verbunden mit der Hoffnung auf hohe Leistungsbereitschaft und geringe Fluktuation.

[27] Je nach Vertragsgestaltung sind Rückstellungen in der Bilanz zu bilden oder nicht, sind die jährlichen Aufwendungen Betriebsausgaben oder nicht usw.

Art der Gefahr		Risiko für Unternehmen		
		groß	mittel	klein
Feuer, Explosion		☐	☐	☐
Feuerübergriff auf Nachbargrundstück		☐	☐	☐
Sturm		☐	☐	☐
Leitungswasser		☐	☐	☐
Einbruchdiebstahl		☐	☐	☐
Maschinenbruch		☐	☐	☐
Warentransporte		☐	☐	☐
Betriebsunterbrechung durch	Feuer	☐	☐	☐
	Maschinenschaden	☐	☐	☐
	Energieausfall	☐	☐	☐
	Verseuchung	☐	☐	☐
	Computerausfall	☐	☐	☐
Betriebshaftpflicht		☐	☐	☐
Umwelthaftpflicht		☐	☐	☐
Produkthaftpflicht		☐	☐	☐
Kfz-Haftpflicht		☐	☐	☐
eigene Kfz-Schäden		☐	☐	☐
Unfallschäden (Kasko)		☐	☐	☐
Beraubung, Sabotage, Unterschlagung		☐	☐	☐
Forderungsausfall		☐	☐	☐
Auslandsrisiken		☐	☐	☐

Tabelle 4.4.: Checkliste für Betriebe. Welche Gefahren bedrohen das Unternehmen wie stark? Quelle: GDV [GDV97a]

voll automatisierten Datenaustausch zwischen dem Arbeitgeber und dem Versicherungsunternehmen [...]. In diesen Fällen [...ist] grundsätzlich ein Electronic Firmenkunden-Insuring denkbar"[Erf93].

Dabei wird die etablierte Bestandsführung mit Großkunden in der Regel vorerst unverändert fortgeführt. Mit einer WWW-basierten Lösung sollen vielmehr diejenigen Unternehmen angesprochen werden, für die ein elektronischer Datenaustausch bisher nicht wirtschaftlich war. Damit wird der Datenaustausch schneller, weniger fehlerbehaftet, da ohne Medienbruch und kostengünstiger.

Im Bereich der Lebensversicherung[28] besteht neben diesem regelmäßigen Datenaustausch oftmals die Notwendigkeit für kurzfristige Informationen. Dabei kann es sich um die Berechnung von Angeboten für Mitarbeiter, um die Angabe von

---

[28]Die Sachversicherung soll an dieser Stelle nicht näher betrachtet werden.

94

spezifischen Werten zu einzelnen Versicherungsverträgen[29] oder um die Festlegung der Werte für künftige Standardauswertungen handeln.

Zu denken wäre auch an einen Datenaustausch via EDI. Dafür spricht, daß mit der Einführung von EDI über das Internet anstatt über die bisherigen Value Added Networks (VAN) eine kostengünstigere Lösung offensteht [HGH96, Jan96b, RF95]. Dagegen spricht, daß sich EDI bislang in der Branche keiner besonderen Beliebtheit erfreute, weswegen das branchenspezifische Versicherungs-Subset noch nicht als ausgereift gelten kann.

Da die Kunden häufig spezielle Fragen haben, sollten sie sich direkt an den jeweiligen Spezialisten wenden können. Die Versicherer sollten daher „Kontaktmöglichkeiten publizieren (Organigramm, Anschriften, Telefonnummern, Faxnummern, e-mail-Adressen für Vertriebsregionen, Service, etc.)"[Fot97].

In zunehmendem Umfang bieten die Versicherer auch über die eigentliche Vertragsabwicklung hinausgehende Dienstleistungen an. So bietet beispielsweise der Allianz-Pensions-Service Leistungen wie das Exkasso an die Rentner oder den Versand von Geburtstagskarten an. Der Umfang dieser Dienstleistungen könnte auch WWW-gestützt festgelegt bzw. angepaßt werden.

Die Assekuranz verfolgt die laufende Rechtssprechung zur betrieblichen Altersversorgung intensiv und ist so in der Lage, den Kunden über aktuelle Änderungen zu informieren. Auch steuerlich relevante Fakten sind für die einzelne Unternehmung nicht ohne unwirtschaftlichen Aufwand zu erhalten, weswegen der Versicherer auch hier sein Know-How für den Kunden zur Verfügung stellt.

Trotz all dieser Ansätze ist jedoch davon auszugehen, daß im Bereich der betrieblichen Versicherungen das individuelle, persönliche Beratungsgespräch vorherrschen wird, nicht zuletzt weil es im Verhältnis zu den erzielbaren Prämienvolumina weitaus wirtschaftlicher ist als im Privatkundenbereich.

4.2. Außendienst

Viele Außendienstmitarbeiter stehen allen EDV-Konzepten sehr skeptisch gegenüber. Das hat mehrere Ursachen. Zum einen sind viele nicht mit der Technik vertraut und nicht mehr fähig oder willens, sich umzustellen. Andere befürchten, durch die Technik austauschbar zu werden. Wenn all die Daten, die der Vertreter bisher im Kopf oder in Karteikästen hatte, jetzt in elektronischer Form vorliegen und somit auch einem eventuellen Nachfolger zur Verfügung stehen, meinen diese Agenturinhaber, weniger unersetzlich zu sein. Beide Ressentiments können nur überwunden werden, wenn der Außendienst in der neuen Technik so große Vorteile sieht, daß die Bedenken dadurch mehr als aufgewogen werden. Was muß die Internetanwendung also bieten, um den Außendienstler überzeugen zu können?

---

[29]z.B. der bei Kündigung fällige Rückkaufswert, daneben aber noch rund 80 andere Werte

Zur Beantwortung der Frage ist zunächst ein Blick auf die momentane Situation zu werfen. Eine Internet-Anbindung des Außendienstes ist noch die Ausnahme. Umgekehrt verfügt fast jede größere Gesellschaft über eigene Agenturinformationssysteme. Es ist daher weder nötig noch sinnvoll, ganz von vorne zu beginnen. Vielmehr ist es wichtig, die bestehenden Systeme so weiterzuentwickeln, daß sie von den Vorteilen der Internet-Technologie profitieren können. Im folgenden soll daher nicht länger zwischen Legacy-Systemen[30] und internetbasierten Systemen differenziert werden. Vielmehr gilt es, eine Anwendung zu skizzieren, die dem Außendienstler nützlich ist, die durch geschlossene Benutzergruppen oder andere Sicherheitsmaßnahmen den Zugriff auf autorisierte Benutzer beschränkt, die durch Verwendung standardisierter, preiswerter Technologie Kostenvorteile für beide Seiten bietet, die vom Versicherer leicht wartbar ist und die das durch die Technik immanent vorhandene Rationalisierungspotential in den Geschäftsprozessen auszuschöpfen vermag.

4.2.1. Tarifierung, Angebotswesen und Bestandsführung

Die mit Abstand wichtigste Komponente ist die Tarifberechnung. Im Zuge der Deregulierung auf dem Versicherungsmarkt kommen viele neue Tarifierungskonzepte auf den Markt. Zum Zwecke der besseren Risikoselektion und gerechteren Tarifierung gehen immer mehr Merkmale in die Berechnung ein[31]. Die traditionelle Ermittlung der Prämie mit Tarifbuch, Taschenrechner und Bleistift ist kaum noch praktikabel[32]. Mit dem Notebook ausgestattet lassen sich die prämienrelevanten Fakten fast beiläufig erfassen. Die Rechenarbeit vollzieht dann der Computer. Der Außendienstmitarbeiter kann sich ganz seinem Kunden widmen. Während für den Spezialisten im Innendienst der Umgang mit für den Außenstehenden kryptischen Kürzeln ausgesprochen rationell sein kann, ist es für den Außendienstmitarbeiter wichtig, selbsterklärende Bezeichnungen der Datenelemente zu haben und die Wahlmöglichkeit nicht mittels Kennziffern, sondern anhand fachsprachlicher Termini treffen zu können[33]. Außerdem sollte zu jedem Datenfeld ein Hilfetext abrufbar sein, der über Syntax (zulässige Eingaben) und Semantik (Bedeutung und Auswirkung der Eingaben) informiert. Ein entscheidender Vorteil der elektronischen Tarifierung ist auch, daß die Verletzung von Annahmerichtlinien oder unvollständige Angaben direkt erkannt werden und sofort korrigiert bzw. ergänzt werden können.

---

[30]proprietäre Altsysteme

[31]Als Beispiel seien die Rabatte in der Kfz-Versicherung für Frauen, Wenigfahrer, Garagenbesitzer, Familienväter, Alleinnutzer, Beamte, Mitarbeiter von Kfz-Herstellern, ...genannt.

[32]Die Quote falsch berechneter Prämien ist entsprechend hoch. Dies macht beim Kunden zum einen keinen besonders guten Eindruck, zum anderen eröffnet es ihm über die Billigungsklausel (§5 VVG) die Möglichkeit eines nachträglichen Ausstiegs aus dem Vertrag.

[33]Daß die Daten intern letzlich wieder in Kurzform gespeichert werden, ist dabei unerheblich.

Während die Preise bisher für längere Zeit konstant waren, prüfen Direktversicherer bereits heute die Möglichkeiten, mit „Tagespreisen" auf aktuelle Schadenstatistiken oder sonstige Erkenntnisse kurzfristig zu reagieren. In anderen Branchen sind zeitlich befristete Sonderangebote längst üblich und haben sich bewährt. Auch hier müßte man darüber nachdenken, ob und wie diese beiden zusätzlichen Freiheitsgrade genutzt werden könnten.

Auch zur Angebotsunterbreitung ist die EDV eine wertvolle Hilfe. So können nicht nur individuell auf den Interessenten zugeschnittene Angebote ausgedruckt werden. Der Laptop läßt sich beim Kunden auch als Präsentationsplattform nutzen. Die Allianz Lebensversicherung hat beispielsweise für Ihren Außendienst ein solches POS-System[34] entwickeln lassen [ohn97f]. Mittels multimedialer Elemente läßt sich eine wesentlich intensivere Auseinandersetzung des Interessenten mit der Präsentation erreichen.

In den sich anschließenden Aufgaben Antragstellung, Antragsprüfung und Policierung schlummert noch enormes Rationalisierungspotential. Nach der Berechnung mittels Tarifrechner werden die Daten häufig manuell in einen Versicherungsantrag übertragen. Da sich der Außendienstmitarbeiter dabei in erster Linie um seinen Kunden kümmern muß und den Antrag quasi en passant ausfüllt, bieten sich hier bereits erste Fehlerquellen. Der Antrag gelangt in die zuständige Filialdirektion[35]. Dort wird er mitunter vorgeprüft, in ein proprietäres Antragserfassungssystem eingegeben und an die Zentrale weitergeleitet. Hier werden dieselben Daten dann bereits zum vierten Mal erfaßt. Die Schnittstelle von dem handschriftlichen Antrag zum elektronischen Äquivalent ist immanent fehlerträchtig. In Abschnitt 5.3 wird dargestellt, wie die vorhandenen Fehlerquellen eliminiert und die Prozeßabläufe zeitlich gestrafft werden können. Dabei ist die Zielsetzung klar: „Um konkurrenzfähig zu bleiben, müssen Vertriebe mit zunehmend weniger Mitarbeitern auskommen und typische Innendiensttätigkeiten auf EDV sowie Außendienstmitarbeiter verlagern. Gleichzeitig darf aber die dem Verkäufer für den Kunden zur Verfügung stehende Zeit nicht verringert werden"[Fot97].

Bei Versicherungsanträgen mit sofortigem Beginn ist die Einholung einer vorläufigen Deckungszusage ein häufiger Vorgang. Versicherer und Außendienstmitarbeiter können dabei entlastet werden, wenn für bestimmte Risiken im Breitengeschäft[36] dieser Vorgang quasi auf Knopfdruck möglich wäre. Die Tatsache, daß der Versicherer dann im speziellen Einzelfall gegen seinen Willen im Risiko wäre, wird durch die Begrenzung auf bestimmte Risiken und durch die Möglichkeit des sofortigen Widerrufs begrenzt und von den Kostenersparnissen durch die Rationalisierung überkompensiert.

---

[34] POS=Point of Sale, d.h. in der Regel beim Kunden
[35] Die jeweiligen Organisationseinheiten haben bei den Gesellschaften unterschiedliche Namen und teilweise auch unterschiedliche Struktur.
[36] der Summe nach begrenztes Geschäft ohne risikoerhöhende Merkmale

Die zweite tragende Säule des Systems ist die Bestandsdatenverwaltung. Der Mitarbeiter soll sich jederzeit über alle Verträge des Kunden informieren können. Die Daten werden im Rechner des Außendienstlers gespeichert und periodisch durch Datenträgeraustausch (DTA) oder auf Anforderung des Mitarbeiters über Datenleitungen upgedatet. Unabhängig von den bei großen Beständen langwierigen Aktualisierungsprozessen soll aber immer die Möglichkeit bestehen, gezielt einen einzelnen Vertrag oder alle Verträge eines Kunden zu aktualisieren. Dies kann mittels Mobile-IP[37] sogar vor Ort beim Kunden geschehen. So lassen sich jederzeit Anfragen des Kunden nach seinen Verträgen oder der Erledigung von Änderungen beantworten. Es sollte auch die Möglichkeit bestehen, eine Übersicht über den Kunden und alle seine Verträge in zwei Varianten auszudrucken. Einerseits sollten für den Mitarbeiter kurz und prägnant alle Informationen zusammengestellt werden, andererseits sollte auch eine Variante zur Aushändigung an den Kunden vorgesehen werden. Darin müssen dann Abkürzungen vermieden und erläuternde Texte ergänzt werden. Während auf der Übersicht des Außendienstlers Angaben zur Schadenstatistik, zu bestehenden Beitragsrückständen oder offenen Besuchsaufträgen der Direktion sinnvoll sind, kann man dem Kunden als Service eine Übersicht über die von ihm regelmäßig zu zahlenden Beiträge und die zu erwartenden Ablaufleistungen[38] zur Verfügung stellen.

Im Rahmen von Bestandserhaltungsgesprächen bei Lebens- oder Rentenversicherungen ist der Abruf von Beleihungs- und Rückkaufswert sowie beitragsfreier Versicherungssumme erforderlich. Diese Berechnungen werden üblicherweise auf dem Rechner des Versicherungsunternehmens durchgeführt[39], so daß eine kurze Online-Verbindung notwendig ist.

Für Renditeberechnungen, zur Umrechnung in eine Rentenleistung oder für sonstige Informationszwecke ist die Berechnung der voraussichtlichen Ablaufleistung aus Lebensversicherungen häufig gewünscht. Zumindest für die aktuellen Tarife sollte das auch offline möglich sein.

Aktuelle Zinskonditionen sollten abrufbar sein für Hypothekenkredite (gestaffelt nach Zinsbindung und Auszahlungskurs), für Refinanzierungsdarlehen, für Bausparvor- und -zwischenfinanzierungen sowie für Policendarlehen und Beitragsdepots. Während die meisten Konditionen eine längere Gültigkeit haben, unterliegen die Refinanzierungskonditionen sogar innerhalb eines Tages mitunter Schwan-

---

[37]Eine Technik zur ortstransparenten Einbindung mobiler Rechner in das Internet

[38]Da die Neuberechnung der Ablaufleistung bei jedem Ausdruck viel zu zeit- und kostenintensiv ist, bietet es sich an, bei jeder Vertragsänderung bzw. Änderung der Gewinnanteilsätze diesen Wert gleich mitzuberechnen und mit den Vertragsdaten zu speichern.

[39]Dies bietet sich zum einen aufgrund der Komplexität der Berechnung an, zum anderen will der Versicherer unter Umständen über die Tatsache der Auskunftserteilung informiert sein, da in einem nicht unerheblichen Prozentsatz der Fälle mit einer Beitragsfreistellung, Beantragung eines Policendarlehens oder gar einer Kündigung zu rechnen ist.

kungen. Aus diesem Grund ist es notwendig, die aktuellen Konditionen online erfragen zu können. Bei allen Zinskonditionen sollte die Möglichkeit gegeben sein, sich diese unter Angabe von Namen des Kunden und Betrag für ein paar Tage zu reservieren, um dem Kunden ein gesichertes Angebot machen zu können.

Die Berechnungen im Rahmen von Immobilienfinanzierungen wie auch von gewerblichen Finanzierungen werden durch den Einsatz der EDV erst mit der nötigen Präzision[40] möglich. Der Kunde erwartet darüberhinaus heute auch die Erstellung eines leicht verständlichen Zins- und Tilgungsplanes, was rechnergestützt nicht schwierig ist.

Die Erfassung von Schadensfällen sollte EDV-gestützt erfolgen. Dabei ist durch die Übertragung der Daten gegenüber der Postlaufzeit eine erhebliche Zeiteinsparung zu erzielen. Da jedoch häufig Skizzen angefertigt werden müssen, ist es in diesen Fällen sinnvoll, die Daten zwar zu übermitteln, aber zusätzlich auszudrucken, um die Skizze(n) zu ergänzen und dem Versicherer zuzufaxen. Das selbst dies noch ein Quantensprung gegenüber dem bislang praktizierten Verfahren ist, läßt sich an der Begeisterung erkennen, mit der die Versicherer Telefon und Telefax als Beschleunigungsmittel bei der Geschäftsprozeßoptimierung erkennen und einsetzen [All97]. Mit der weiteren Verbreitung von Scannern oder Digitalisierstiften ergeben sich in Zukunft sicherlich neue Möglichkeiten mit noch weniger Medienbrüchen.

Das System sollte die gängigen Eckdaten der Sozialversicherung vorhalten (u.a. Beitragsbemessungsgrenze und Geringfügigkeitsgrenze, Handwerkerbeitrag, Mindest- und Höchstbeitrag zur gesetzlichen Rentenversicherung, Pflichtversicherungsgrenze in der Krankenversicherung, Beitragssätze in allen Sparten der Sozialversicherung[41], Rentenanwartschaften des Durchschnittsverdieners).

Die Berechnung der erworbenen Rentenanwartschaften sowie der später zu erwartenden Altersrente sollte sowohl grob überschlägig als auch relativ präzise anhand der konkreten Beitragszeiten möglich sein. Letzere Berechnungen sollten unter Umständen auf dem Rechner des Versicherers durchgeführt werden[42].

Auch im Bereich der Steuern wird dem Vermittler seitens des Kunden eine gewisse Kompetenz unterstellt, obgleich ihm gesetzlich die Beratung in Steuerangelegenheiten untersagt ist. Diese Kompetenz gilt es EDV-technisch zu unterstützen. Die überschlagsmäßige Berechnung des zu versteuernden Einkommens und damit des Spitzensteuersatzes ist häufig für die Beurteilung der Vorteilhaftigkeit von Angeboten aus dem Anlage- und Finanzierungsbereich vonnöten.

---

[40]Der Ausweis von Effektivzinsen oder der Restschuld am Ende der Festschreibungszeit wäre sonst praktisch unmöglich.

[41]ausgenommen die gesetzliche Unfallversicherung, da hier der Beitrag voll vom Arbeitgeber getragen wird

[42]Die Daten werden offline eingegeben, an den Versicherer übermittelt und das berechnete Ergebnis zur Offline-Kundenpräsentation rückübertragen.

4.2.2. Agenturorganisation, Materialwesen, Schulung

Rundschreiben sollten künftig in elektronischer Form verschickt werden. Die Informationen erreichen den Mitarbeiter so schneller und kostengünstiger. Der Hauptvorteil ist jedoch die gezielte Suche nach Informationen in früheren Rundschreiben. Dazu sollte sowohl die Möglichkeit bestehen, offline in gespeicherten Rundschreibendaten zu suchen, als auch (zum Beispiel beim Kunden) auf ein beim Versicherer vorgehaltenes Archiv zurückzugreifen. In beiden Fällen sollten zumindest die drei folgenden Zugriffsmöglichkeiten bestehen:

chronologisch sortierte Rundschreiben bieten schnellen Zugriff auf die zuletzt erhaltenen Rundschreiben.

katalogisiert oder auch verschlagwortet ist das Archiv, wenn es den Zugriff anhand vorgegebener Strukturen oder Schlagwörter erlaubt. Durch Verwendung von Indizes ist die Suche in sehr kurzer Zeit möglich. Beispiele wären Sachversicherung — Haftpflicht — Tarifierung oder Lebensversicherung — Berufsunfähigkeit — Verweisung.

Volltext-Retrieval ist die Möglichkeit, im vollen Text aller im Archiv gespeicherten Rundschreiben nach frei wählbaren Begriffen zu suchen. Diese Freiheit erkauft man sich jedoch in großen Datenbeständen mit erheblichen Performance-Einbußen.

Formulare, Versicherungsbedingungen, Gesetzestexte, Anträge sowie Schulungstexte oder Annahmerichtlinien sollten direkt heruntergeladen werden können. Ebenso sollten Materialbestellungen online möglich sein. Dabei ist es sinnvoll, eine Liste der verfügbaren Materialien vorzuhalten. Zur Vermeidung von Fehlbestellungen ist die Möglichkeit vorzusehen, sich vorab ein Photo des Gegenstandes sowie eine kurze Beschreibung über die intendierten Verwendungszwecke anzusehen.

Für Rückfragen beim Versicherer ist es wichtig, schnell den richtigen Ansprechpartner eruieren zu können. Bisher übliche Telefonbücher sind bei Drucklegung meist schon an manchen Stellen veraltet. Im Laufe ihres Gültigkeitszeitraumes wird das Problem nicht besser. Es ist zwar nicht sinnvoll, wegen jeder Telefon-, e-mail- oder Faxnummer eine Online-Verbindung aufzubauen. Aber es wäre wünschenswert, bei jeder Datenaktualisierung auch das Telefonbuch mit abzugleichen. Wichtig ist hier die Suchmöglichkeit sowohl nach dem Namen als auch nach dem Zuständigkeitsbereich[43] vorzusehen. Angegeben werden sollten jeweils Telefon- und Telefaxdurchwahl, e-mail-Adresse, Postanschrift, Gebäude- und Raumnummer sowie Stellvertreter und Vorgesetzter.

---

[43]zum Beispiel Kraftfahrt-Haftpflichtschaden für Verträge mit den Endnummern 23-37 und Schadenhöhen bis 10000

Schulungen werden infolge der gestiegenen Ansprüche an die Beratungsqualität, des wachsenden Konkurrenzdruckes und des sich beschleunigenden Produktwechsels immer wichtiger. Dabei können schriftliche Schulungsunterlagen oder Argumentationshilfen direkt am Rechner abgerufen werden. Für Präsenzschulungen beim Versicherer oder bei dedizierten Schulungsunternehmen sollte ein Schulungskatalog vorgehalten werden. Der Mitarbeiter kann sich hierin über die angebotenen Veranstaltungen, die hierfür benötigten Voraussetzungen, den angedachten Personenkreis sowie über Ort und Termin informieren. Wie man die Anmeldung realisiert[44], ist eine geschäftspolitische Entscheidung und sicherlich auch abhängig von der Art der vertraglichen Bindung des Außendienstes (siehe Abschnitte 4.2.3 und 4.2.4).

Durch die enormen Fortschritte in der Telekommunikation ist es schon heute denkbar, daß Schulungen abgehalten werden, ohne daß dabei alle Personen an einem Ort präsent sind. Die Einrichtung eines Videokonferenzraumes in den Filialdirektionen oder die Bildtelefonteilnahme vom heimischen Schreibtisch aus, sind bereits heute technisch möglich und müssen lediglich auf ihre Akzeptanz von Seiten der potentiellen Teilnehmer und ihre Kosteneffizienz hin überprüft und zu gegebener Zeit eingeführt werden. Es ist von Vorteil, wenn man von Anfang an realistische Vorstellungen von den Auswirkungen der neuen Technik hat:

> „*Initially, most organisations saw the value of teleconferencing as a means of reducing travel costs [...] In this respect, teleconferencing has, by and large, proved a monumental failure. [...] teleconferencing is no substitute for hand-to-hand combat. However, [they] use teleconferencing for weekly discussion sessions, which, previously, they could not hold because of the inconvenience, lost time, and costs associated with travel.*"[HC94, S. 88/89].

Es ist also nicht die direkte Reisekosteneinsparung zu erwarten, sondern vielmehr eine Verbesserung der internen Kommunikation und insbesondere eine enorme Zeitersparnis.

Um ständig fachlich auf dem Laufenden zu bleiben, ist es notwendig, die allgemeine Presse, aber auch die Fachpresse laufend zu verfolgen. Da dies einen nicht unerheblichen Zeitaufwand darstellt, wäre es hilfreich, wenn der Versicherer den Pressespiegel, den er meist ohnehin anfertigt, online für alle interessierten Außendienstmitarbeiter zur Verfügung stellt.

Zu Zwecken der Verkaufsförderung und -lenkung wird häufig mit Wettbewerben gearbeitet. Hier sollte sich der Mitarbeiter über die Bedingungen, Prämien und seinen aktuellen Stand informieren können. Auch ein Hinweis wie „Zur nächsten Preiskategorie fehlen Ihnen nur noch x Punkte, das bedeutet drei y-Abschlüsse" wäre eventuell motivationsfördernd.

---

[44]Wer entscheidet über die Teilnahme und wer trägt die Kosten?

4.2.3. Ausschließlichkeitsorganisation

Die Erweiterungen der Anwendungssysteme für den Ausschließlichkeitsvertreter gehen in zwei Richtungen:

Büroorganisation Da für viele Mitarbeiter der Ausschließlichkeitsorganisation die vom Versicherer zur Verfügung gestellte Software und der dazugehörige Datenbestand die einzigen Hilfsmittel zur elektronischen Agenturführung sind, wird der Versicherer diesem Personenkreis häufig ein gegenüber anderen Vermittlern erweitertes Softwarepaket schnüren. Diese Komponenten sollen anderen nicht vorenthalten werden, man kann jedoch davon ausgehen, daß sie von diesen nicht genutzt werden. In den Distributionen können sie durchaus generell enthalten sein. Man sollte sie jedoch als Paket aus-/abwählen können.

- Musterbriefe für häufig vorkommende Geschäftsfälle erleichtern dem Mitarbeiter die Arbeit wesentlich. Serienbriefe und die dazugehörige Adreßselektion ermöglichen dem Außendienstler die zielgerichtete Werbung mit professionell gestalteten Briefen. Sowohl die Selektion als auch der Text müssen eine Modifikation durch den Mitarbeiter auf einfache Weise ermöglichen. Auch die Neuerstellung von Selektionen und/oder Serienbrieftexten sollte möglich sein. Dabei ist auf die gegenseitige Unabhängigkeit von Selektion und Text zu achten.

- Für den Mitarbeiter sind die Adressen von bestimmten Zielgruppen, konkreten Interessenten, perönlichen Empfehlungen etc. ein wertvolles Kapital. Er sollte in der Lage sein, seinen Kundenbestand um diese Adreßdaten zu ergänzen. Da hoffentlich aus vielen Interessenten im Laufe der Zeit Kunden werden, ist zur Vermeidung von Doppelerfassungen der Statuswechsel vom Interessenten zum Kunden vorzusehen. Dies ist natürlich nur möglich, wenn auf dem Rechner des Mitarbeiters beide Adreßtypen gemeinsam verwaltet werden.

  Die Speicherung dieser Interessentendaten beim Versicherer ist aus zwei Gründen nicht sinnvoll. Zum einen weiß der Versicherer nichts darüber, woher die Daten kommen, wie zuverlässig sie sind und wie konkret das Interesse dieser Personen ist. Zum anderen würden viele Mitarbeiter das System boykottieren, falls sie die Speicherung oder gar Nutzung ihrer Daten beim Versicherer fürchten müßten. Es ist daher zur Vertrauensbildung eminent wichtig, den lokalen Charakter dieser Daten zu betonen. Dazu kommen noch datenschutzrechtliche Gründe, die einer solchen Speicherung beim Versicherer entgegenstehen.

- Auch innerhalb des Agenturbestandes bietet es sich für den Vertreter an, mehr als nur die reinen vertragsrelevanten Daten zu speichern. Er

sollte die Möglichkeit haben, Konkurrenzverträge (insbesondere deren
Ablauf), Daten zu Familienmitgliedern, Arbeitgeber, Hobbies, die Höhe
des Einkommens (Jahresbrutto und zu versteuerndes Einkommen) sowie den Vermögensstatus und weitere für ihn relevante Daten über seine Kunden zu speichern. Auch hier ist wieder die Trennung zwischen
Agentur- und Versichererdaten strikt zu beachten.

- Für hauptberufliche Mitarbeiter bietet sich die Führung ihres Termin-
  kalenders im Rahmen des Agentursystems an. Der Reiz dieser Lösung
  liegt weniger in der Qualität des Kalenders als in der Integration dieses
  Tools in das Gesamtsystem. Vom Kalendereintrag „10:15 Uhr: Jürgen
  Pösse" sollte per Mausklick zur zugehörigen Kundenübersicht gewech-
  selt werden können.

- Je enger die Verbindung zwischen Versicherer und Außendienstmitar-
  beiter ist[45], umso umfangreicher ist meist das Berichtswesen. Auch hier
  wäre eine enge Verzahnung denkbar. Sobald die Daten der Anträge vom
  Mitarbeiter elektronisch (vor)erfaßt[46] werden, was leider noch selten der
  Fall ist, können die entsprechenden Abschlußdaten automatisch in die
  Berichte übernommen werden.

- Ein Teilaspekt einer umfangreicheren Kalenderapplikation ist die Wie-
  dervorlage. Sie soll jedoch auch unabhängig vom Kalender benutzbar
  sein. Während der Kalender ausschließlich vom Vermittler geführt wird,
  erscheint es sinnvoll, dem Versicherer zu ermöglichen, seinerseits Daten
  in das Wiedervorlagesystem seines Agenten zu speisen. Zu denken wäre
  beispielsweise an einen Besuchsauftrag rechtzeitig vor Ablauf eines Ver-
  sicherungsvertrages (automatische Selektionen) oder aber auch an die
  Weiterleitung einer Mitteilung eines Kunden, der sich an den Versicherer direkt gewandt hat.

- Der Datentransfer zwischen Versicherer und Außendienstmitarbeiter erfolgt noch überwiegend „analog". Die Versicherer senden – abgesehen
  von Updates am Agentursystem und den Bestandsdaten – alles in papierner Form an den Vertreter, der seinerseits alle Anträge, Berichte
  und sonstigen Willenserklärungen von Kunden schriftlich einreicht.
  Die Zukunft könnte im Übertragen digitaler Dokumente für erfaßte Daten und von gescannten Texten für sonstige Schriftstücke bestehen.

---

[45] Die engste Bindung herrscht beim Angestellten im Außendienst, die loseste beim Makler.

[46] Unter Erfassung soll in diesem Zusammenhang verstanden werden, daß der Mitarbeiter den
Antrag am Rechner aufnimmt und höchstens zur Unterschrift und zu Dokumentationszwecken
ausdruckt. Mit Vorerfassung ist die Übernahme der Daten vom handschriftlich ausgefüllten
Antrag ins System gemeint.

Vertrauliche Daten Während man zum Beispiel bei Maklern davon ausgehen muß, daß sie sich selbst einen Überblick über den Markt verschaffen, wird man das von dem Einfirmenvertreter nicht verlangen. Daher werden ihm entsprechende Informationen an die Hand gegeben. Auch ist sein Handlungsspielraum eventuell größer, da man ihm eine höhere Loyalität unterstellt.

- Aus dem Krankenversicherungsbereich kennt man schon seit Jahren eine enorme Vielfalt von Bedingungen, Ein- und Ausschlüssen, die einen Vergleich zweier Tarife von verschiedenen Gesellschaften faktisch nahezu unmöglich machen. In anderen Sparten ist dies noch nicht so ausgeprägt. Doch zeigen sich auch hier Tendenzen zu einer heterogeneren Tariflandschaft, was sich derzeit am deutlichsten in der Kfz-Versicherung manifestiert. Aus der Krankenversicherungssparte sind dann auch ausgeklügelte Informationssysteme bekannt, in denen je zwei Tarife miteinander verglichen werden können (in der Regel der eigene mit einem des Wettbewerbers). Das System listet dann alle Unterschiede im Versicherungsschutz penibel auf. Zu Marketingzwecken kann man die Anzeige geeignet filtern[47] und auf die wesentlichen Punkte beschränken.

- In vielen Sparten hat der Agent die Möglichkeit, auf Konkurrenzangebote mit Rabatten zu reagieren. Es ist eine geschäftspolitische Entscheidung, ob man dem Außendienst die bestehenden Spielräume von vornherein bekannt macht. Wenn man vom Vertreter künftig eine immer stärkere Ausrichtung an Rentabilitätskennzahlen erwartet, so kann die Entscheidung über die Gewährung derartiger Nachlässe innerhalb vorgegebener Grenzen auch in dessen Ermessen gestellt werden.

- Welche neuen Produkte werden von den Wettbewerbern auf den Markt gebracht? Gegen welche eigenen Produkte sind diese positioniert? Wie kann man beim Kunden gegen diese Konkurrenzprodukte argumentieren? Antworten auf diese Fragen sollten zeitnah zur Verfügung gestellt werden.

- Damit von dem Moment an, in dem der Vertreter mit dem Kunden eine Vereinbarung getroffen hat, keine neuen Tatsachen durch den Versicherer geschaffen werden, kann man dem Außendienstmitarbeiter das Recht einräumen, Versicherungsverträge für beispielsweise eine Woche schwebend zu stellen[48]. Damit bleibt genug Zeit, bis die mit dem Kunden

---

[47]Im Extremfall kann man also nur die Erweiterungen der eigenen Tarife zeigen und die Defizite unterdrücken. Eine derartige Beratung erscheint jedoch eher fragwürdig.
[48]Dies bedeutet, daß innerhalb dieser Zeit keine Rechnungen, Mahnungen oder ähnliches an den Kunden versandt werden. Es sind jedoch keine Außenwirkungen mit der Maßnahme verbunden (zum Beispiel Unterbrechung der zweiwöchigen Frist bei Mahnungen nach §39 VVG oder Wiederaufleben des Versicherungsschutzes nach deren Ablauf).

getroffenen Vereinbarungen den Versicherer erreicht haben. Die Frist ist natürlich nur so lange notwendig, solange die Vereinbarungen den Versicherer nicht sofort per Datenübertragung erreichen.

- Schon heute haben viele Agenturen Regulierungsvollmacht für Schäden bis zu einer bestimmten Höhe. Während Sie dem Kunden seine Entschädigung bisher immer direkt bezahlt haben, könnten Sie jetzt alternativ elektronisch gemeldete Schäden mit der Meldung gleich zur Zahlung freigeben.

- Nachdem mittlerweile Systeme der künstlichen Intelligenz (KI-Systeme) einen gewissen Reifegrad erlangt haben, können sie dazu beitragen, Geschäftsprozesse vom Antrag bis zur Policierung entscheidend zu verkürzen. Anträge werden vom KI-System geprüft und sofort zur Policierung freigegeben, wenn sie sich innerhalb eines durch Annahmerichtlinien, Versicherungssummen und Risikobeschreibungen aufgespannten Rahmens bewegen. Alle anderen Anträge werden zur individuellen Prüfung an den zuständigen Sachbearbeiter weitergeleitet[49]. Die Policierung innerhalb von Minuten nach der Antragstellung vor Ort beim Kunden ist durchaus denkbar.

- Zur Beurteilung der Vorteilhaftigkeit einer Kundenbeziehung sollte der Vertreter in der Lage sein, sich eine Rentabilitätsberechnung einer gesamten Kundenbeziehung erstellen zu lassen. Dabei werden die Beiträge und Schäden der vergangenen Jahre einander gegenübergestellt und die Schadenquoten[50] errechnet. Die Elimination von Großschäden durch eine Kappungsgrenze[51] kann die Aussagekraft der Statistik entscheidend verbessern.

4.2.4. Mehrfachagenten/Makler

Bei Mehrfachagenten oder Maklern wird man realistischerweise davon ausgehen, daß diese neben dem vom Versicherer angebotenen System noch weitere Systeme von Wettbewerbern einsetzen und diese möglicherweise noch mittels eines eigenen Systems integrieren. Daher sind hier nur wenige Erweiterungen notwendig.

- größere Makler vereinbaren mit Versicherern gelegentlich Tarife, die dieser so sonst gar nicht anbietet. Die Tarifberechnungskomponenten sollten daher

---

[49]Denkbar wäre auch, daß in Extremfällen vom KI-System erkannt wird, daß eine Policierung nicht einmal unter Vereinbarung von Sonderbedingungen möglich ist. Hier könnte dann direkt eine Ablehnung erfolgen.

[50]Quotient aus Schäden und Beiträgen

[51]Maximalbetrag, der je Schaden für die Rentabilitätsberechnung berücksichtigt wird

entsprechend ergänzt werden. Gegebenenfalls enthält das System alle Tarife, zeigt aber aufgrund des eingegebenen Berechtigungsschlüssels nicht alle an. Auch eine textuelle Übersicht über diese Tarife sollte zur Verfügung gestellt werden. Diese ließe sich vermutlich am leichtesten in die Rundschreibendatenbank aufnehmen.

- Zur Integration in das Bestandsführungssystem des Mehrfachagenten/Maklers ist der Datenexport im Verbandsformat[52] vorzusehen. Während dies zwar auch in proprietären Programmen des Versicherers häufig eingesetzt wird, ist dies dort jedoch nicht zwingend. Der Datenaustausch mit Fremdsystemen kann jedoch nur über standardisierte Schnittstellen reibungslos erfolgen.

4.3. Medien, Presse

Da nichts älter ist als die Zeitung von gestern, ist für alle Medienvertreter Aktualität oberstes Gebot. Die schönste Stellungnahme ist als Pressemitteilung unbrauchbar, wenn sie erst drei Tage nach dem relevanten Ereignis erscheint. Das Internet bietet hier die Chance kostengünstiger und zeitnaher Information.

Aus dem gleichen Grund ist es eminent wichtig, ein e-mail-Abonnement dieser Pressemitteilungen vorzusehen. Denn beim nächsten routinemäßigen Besuch dieser Seite ist die Meldung in der Regel bereits alt. Dabei kann man den Journalisten unterstützen, indem man ihm drei verschiedene Abonnements anbietet. Im „Reminder-Abo" wird er nur darauf hingewiesen, daß es eine neue Nachricht gibt, die unter der URL[53] `http://www.xyz.de/...` zu finden ist. Im Rahmen des „Text-Abo's" werden nur die Texte übertragen. Von eventuellen Multimediadaten (Bilder, Audio- oder Videosequenzen, ...) werden lediglich die URL's angegeben. Im „WWW-Abo" schließlich werden die entsprechenden WWW-Seiten als e-mail verschickt[54].

Bilder sind in jeder Zeitung ein Blickfang. Die Bildunterschriften werden sehr viel intensiver gelesen als der sonstige Text. Auch die dazugehörigen Artikel erfreuen sich aufgrund von Bildern und Graphiken eines größeren Interesses als rein textuelle Artikel. Aus diesem Grund sollte man möglichst zu jedem Artikel ein (oder mehrere) passende Bilder zur Verfügung stellen. Am besten verfaßt man selbst bereits eine Bildunterschrift[55]. Es ist wichtig, in Erfahrung zu bringen, wel-

---

[52] Von Seiten der Versicherungsverbände existieren exakte Satzformatbeschreibungen für alle Sparten, die die Interoperabilität der Daten in heterogenen Systemen gewährleisten.

[53] Universal Ressource Locator, also das „Ablagefach" der Daten

[54] Empfänger, deren Mailreader WWW-Seiten anzeigen können, sehen die Nachricht dann mit allen Formatierungen und Multimediadaten. Als Alternative kommt noch die Übermittlung der Texte und das Anhängen (Attachment) der Zusatzdaten in Frage.

[55] Die Erfahrung zeigt, daß diese häufig übernommen wird.

che Datenformate für Bilder von den Agenturen weiterverarbeitet werden können, um die Bilder dann in den wichtigsten Formaten (auf jeden Fall beispielsweise in (encapsulate) Postscript) zum Abruf bereitzuhalten.

Bei der Abfassung der Pressemitteilungen bietet es sich bei längeren Texten an, eine Kurzfassung dazuzuliefern[56]. In jedem Fall müssen Pressemitteilungen mit Datum und Länge (Worte, Zeichen) gekennzeichnet sein. Auch sollte generell ein Ansprechpartner für eventuelle Rückfragen benannt werden.

Mitunter betreiben die Journalisten die für umfangreichere Artikel/Reportagen eine ausführliche Recherche. Diese Arbeit kann man ihnen mit einem Angebot zum Volltext-Retrieval[57] wesentlich erleichtern. Auch das Vorhalten eines Archivs älterer Pressemitteilungen ist dafür hilfreich.

Generell zahlt sich Offenheit im Umgang mit den Medien aus, weil sie dazu beiträgt, Gerüchten den Nährboden zu entziehen und die Berichterstattung in die vom Unternehmen gewünschte Richtung zu lenken.

4.4. Aktionäre, Analysten

Prinzipiell sind die Presseinformationen auch für Aktionäre und Analysten interessant. Die Interessenlage am Versicherungsunternehmen ist jedoch eine etwas andere. Während man in Informationen für die Presse die Vorteile sowohl für die Versicherten als auch für die Aktionäre herauszustellen versucht (mit unterschiedlicher Gewichtung je nach Thematik des Artikels), kann man sich bei der Information für die Anleger vorwiegend auf den Shareholder-Value-Gedanken, also die Konzentration auf den Investor und dessen Interessen, konzentrieren. Insbesondere im Umgang mit Analysten geht die Information dabei weit über das in Pressemitteilungen Enthaltene hinaus. Vielleicht kann sich eines Tages sogar eine virtuelle Analystenkonferenz über das Internet durchsetzen.

Mancher Aktionär sieht wegen der mit einem Internet-Engagement verbundenen Kosten möglicherweise die Gefahr einer Schmälerung des Ertrags und damit letztlich seiner Dividende. Diese Bedenken können am besten zerstreut werden, indem man dem Aktionär selbst einen hohen Zusatznutzen verschafft. Darüberhinaus ist ihm die langfristige Ertragsperspektive durch den Imagegewinn und die Erschließung neuer Käufermärkte aufzuzeigen.

Eigentlich sollte es bei börsennotierten Unternehmen selbstverständlich sein, einen langfristigen Chart anzubieten und diesen mit Zusatzinformationen zu versehen. Kapitalerhöhungen, Nennwertänderungen, Dividendenzahlungen sollten aus der Graphik nach Betrag/Verhältnis und Datum erkennbar sein. Ergänzend wären

---

[56]Der kürzende Journalist trifft sonst vielleicht eine ungewollte Auswahl.
[57]EDV-gestütztes Suchen nicht nur in Überschriften, Schlagwort- und Inhaltsverzeichnissen, sondern in den vollständigen Texten.

noch die Umsätze und Vergleichskurven im selben Chart[58] interessant. Zum Vergleich bieten sich der DAX, der Versicherungs-DAX oder bei multinationalen Unternehmen auch der MSCI-Welt an. Besonders komfortabel ist es für den Investor, wenn er den Betrachtungszeitraum selbst wählen kann. Für den professionellen Analysten ist dies natürlich uninteressant. Er verfügt über viel ausgefeiltere Recherche- und Analysemöglichkeiten. Der Privatinvestor ist jedoch für diese Informationen dankbar. Er erwartet sicherlich, auch den aktuellen Kurswert der Aktie vorzufinden. „Aktuelle Börsenkurse müssen nicht minütlich aktualisiert werden, es reicht auch täglich". Zu diesem Fazit kommt die Studie [AH96, S. 192] bei der Untersuchung der verwandten Bankenbranche. Dem kann für die Versicherung zugestimmt werden.

Ein Finanzkalender enthält alle Daten, die für den Investor (kurs-)relevant sein können. Dazu gehören neben dem Termin der Hauptversammlung die Daten für die Veröffentlichung der Quartalszahlen und die Bilanzpressekonferenz. Während diese Daten meist relativ langfristig festliegen und deshalb häufig bereits mit dem Geschäftsbericht veröffentlicht werden, bietet es sich beim Medium Internet an, auch wesentlich kurzfristigere Termine aufzunehmen. Dazu gehören Meetings mit Analysten, Ausstrahlungstermine von Fernsehinterviews mit Firmenvertretern, Einführungsdaten neuer Produkte, die Zeitspanne für den Bezugsrechtshandel bei entsprechenden Kapitalmaßnahmen sowie die dazugehörigen Börseneinführungstermine. Auch die Ausgabe von Berichtigungsaktien sollte angekündigt werden.

Der aktuelle Geschäftsbericht sollte wahlweise in gedruckter Form angefordert werden können, aber auch in elektronischer Form[59] abrufbar sein.

Gerade im Versicherungsbereich ist die Struktur der Konzerne nur noch schwer zu überschauen. Diese ein- oder wechselseitigen Kapitalverflechtungen transparent zu machen, entspricht der Transparenzkomponente der Investor Relations[60]. Dabei bieten sich Tabellen mit durchgerechneten[61] Beteiligungsquoten an. Noch intuitiver zugänglich sind gut gestaltete Graphiken. Dabei sollten die Kästchen, die für jede konzerneigene Gesellschaft gezeichnet werden, aktiv sein. Daß heißt, daß der Aktionär selbst den Blickwinkel der Betrachtung wählen kann[62], indem er auf die jeweilige Gesellschaft klickt.

Ob ein Versicherungsunternehmen mit der Veröffentlichung relevanter Informa-

---

[58]Man setzt dabei meist die beiden Kurse zu einem Stichtag gleich 100% und notiert die Kurse dann beide relativ zu dem Stichtagswert.

[59]Derzeit bietet sich hier am ehesten das pdf-Format an.

[60]Unter Investor Relations wird neben dieser Informationspolitik insbesondere auch der Shareholder-Value-Ansatz subsumiert.

[61]Zu den selbst gehaltenen Anteilen an einem Unternehmen werden die indirekt über den Besitz an anderen Gesellschaften gehaltenen Anteile hinzugezählt.

[62]Daß der Betrachter beim Anwählen einer Tochtergesellschaft, die ihrerseits nicht an der Konzernmutter beteiligt ist, nicht mehr den ganzen Konzern sieht, ist zwar selbstverständlich. Zur Sicherheit sollte jedoch darauf hingewiesen werden.

tionen über das Internet seine Pflicht zur AdHoc-Publizität gemäß §15(3)2 WpHG erfüllt hat, darf wohl noch bezweifelt werden[63]. Insbesondere der Privatanleger, der meist kein Zugang zu Reuters, Bloomberg oder anderen Wirtschaftsdiensten hat[64], kann so jedoch zeitnah informiert werden.

Aber auch die Stellungnahme zu Themen, die nicht so direkten Kursbezug haben, ist für den Anleger oft sehr hilfreich. Als Beispiele aus der jüngsten Vergangenheit sei die Klage amerikanischer Naziopfer gegen deutsche Versicherer wegen angeblich einbehaltener Versicherungsanwartschaften oder die Hochwasserkatastrophe im Osten Deutschlands und Europas mit ihren Auswirkungen im Versicherungs- und Rückversicherungsbereich genannt. In solchen Fällen ist der Investor natürlich daran interessiert zu erfahren, welche Belastungen finanzieller Art oder welcher Verlust an Reputation zu erwarten ist.

Daß Publizität langfristig auch dem veröffentlichenden Unternehmen nützt, ist ein Gedanke, der in Deutschland zwar noch nicht selbstverständlich ist, der jedoch in letzter Zeit aus dem angelsächsischen Raum importiert wurde und auch bei uns zusehends raumgreift.

4.5. (Potentielle) Arbeitnehmer

Die Halbwertszeit des Wissens beträgt nur wenige Jahre. Im Zuge von Reorganisationsmaßnahmen fallen Stellen fort, andere werden neu geschaffen. Die entscheidende Voraussetzung für eine gute Zusammenarbeit ist daher aus Sicht sowohl des Arbeitnehmers wie auch aus derjenigen des Arbeitgebers, daß die persönliche Chemie stimmt. Die Fähigkeit, sich in immer neue Aufgabenstellungen hineinzudenken und sich dabei auf ein verändertes Umfeld einzustellen, ist heute mindestens so wichtig wie die vorhandenen Fachkenntnisse. Umgekehrt ist es auch für den potentiellen Arbeitnehmer wichtig zu erfahren, wie ein Unternehmen mit den Herausforderungen des Wandels umgeht.

Das wichtigste für den Bewerber ist also, sich ein Bild von seinem künftigen Arbeitgeber machen zu können. Dazu gehört das Corporate-Identity-Konzept der Unternehmung allgemein, dazu gehören aber auch Aussagen über Umfang und Stellenwert von Weiterbildungsmaßnahmen, über Beurteilungssysteme und Karrierewege. Das Durchschnittsalter der Belegschaft, die Fluktuationsrate oder der Akademiker-Anteil können weitere Anhaltspunkte sein.

In diesem Bereich kann keine konkrete Gestaltungsempfehlung gegeben werden. Wichtig ist nur, daß nicht eine „Traumfirma" beschrieben wird. Je richtiger das Bild ist, das eine Firma hier von sich zeichnet, desto größer sind die Chancen, daß es hinterher zu keiner Enttäuschung kommt.

---

[63]obwohl es nach dem Wortlaut des Gesetzestextes nicht abwegig erscheint
[64]und auch nicht alle Börsenpflichtblätter abonniert hat

Pragmatischer ist dann die Präsentation der offenen Stellen. Wichtiger als der Stellentitel ist die Beschreibung der Aufgaben und des Qualifikationsprofils. Es ist sicherzustellen, daß besetzte Stellen umgehend aus dem Angebot gestrichen werden.

Das WWW kann jedoch zur Zeit keine Alternative für ein persönliches Bewerbungsgespräch oder ein Assessment-Center sein. Geschickt gemacht, spricht es die Wunschkandidaten an und motiviert sie zur Bewerbung, während andere Interessenten selbst erkennen können, daß sie sich in diesem Unternehmen nicht wiederfinden werden.

Nach diesem ersten Schritt der Unternehmenspräsentation und des aktuellen Stellenangebots sollte die Möglichkeit für den Bewerber bestehen, seinerseits den ersten Schritt zu gehen und sich zu bewerben. Wenn der Anteil an elektronisch eingehenden Bewerbungen heute auch noch sehr gering ist, sollte man diesen Weg dennoch anbieten.

Ob man dabei freie Bewerbungen per e-mail oder strukturierte Bewerbungen anhand eines Fragebogens bevorzugt oder ob man beide Wege zuläßt, kommt auf das einzelne Unternehmen an. Anhand einer freien Bewerbung kann man die Fähigkeit des Bewerbers erkennen, sein Anliegen gut strukturieren und präsentieren zu können. Die strukturierte Bewerbung läßt andererseits bereits elektronisch eine Sortierung, unter Umständen sogar eine Vorauswahl zu.

5. Ein Modellierungs-Framework für Geschäftprozesse im Versicherungsvertrieb

Die bisher klar konturierte Grenze zwischen der klassischen, außendienstorientierten Versicherung und dem Direktversicherer verschwimmt zusehends. Diese Entwicklung wurde durch den Einsatz modernster Informations- und Kommunikationstechnologien auf breiter Front maßgeblich beeinflußt, wenn nicht überhaupt erst ermöglicht. Dabei spielt das Internet mit seiner Infrastruktur allgemein und das World Wide Web als standardisierte, plattformunabhängige Benutzerschnittstelle hierzu eine herausragende Rolle.

Die Auswirkungen dieser Entwicklungen sind in allen Versicherungsbereichen deutlich zu spüren. Die Versicherer stehen insbesondere in Deutschland[1] vor den tiefgreifendsten Restrukturierungs- und Repositionierungsmaßnahmen ihrer Geschichte. Besonders eklatant sind die Veränderungen im Versicherungsvertrieb. Informationen und Beratungsleistungen, die der Kunde vorher vom Außendienstmitarbeiter erhielt, kann er sich jetzt selbst beschaffen. Der Außendienst muß sich neu positionieren. Wer in Zukunft noch erfolgreich sein will, muß sich weniger im reinen Verkauf profilieren, sondern in zunehmendem Maße als Berater seiner Kunden auftreten.

Wenngleich es verschiedene Studien über mögliche Szenarien in der deutschen Versicherungsbranche[2] im nächsten Jahrtausend gibt[3] – sehr umfassend hat sich beispielsweise Prof. Zink an der TU Wien der Thematik angenommen [Zin94] – so ist die künftige Entwicklung heute dennoch mit einem guten Stück Unsicherheit behaftet.

---

[1] Die Öffnung des EU-Binnenmarktes hat in Deutschland einen vom Bundesaufsichtsamt für das Versicherungswesen (BAV) abgeschotteten Markt für ausländische Gesellschaften freigegeben. Da die damalige Markt- und Aufsichtssituation Innovationen oder Reengineering-Maßnahmen weder begünstigt noch notwendig gemacht hat, trafen die Veränderungen deutsche Versicherer härter als den Großteil ihrer ausländischen Konkurrenz.

[2] die dann sicherlich einen mindestens europäischen, wenn nicht globalen Charakter hat

[3] s. auch Abschnitt 3.4

Es erscheint daher ratsam, sich bei der Modellierung der vertrieblichen Geschäftsprozesse nicht von vornherein auf bestimmte Absatzformen oder -organe festzulegen, sondern sich vielmehr alle Möglichkeiten offenzuhalten. Im folgenden soll aus diesem Grunde ein Rahmen geschaffen werden, innerhalb dessen sich alle Spielarten des Versicherungsvertriebs vom klassischen Außendienstvertrieb bis hin zum Direktverkauf abbilden lassen. Dem Modellierungs-Framework liegt dabei das folgende Phasenkonzept zugrunde:

Informationsphase Kunde und Versicherer nehmen Kontakt miteinander auf. Allgemeine Informationen über den Versicherer, dessen Angebotspalette, für den Kunden wichtige Entwicklungen im steuerlichen und rechtlichen Umfeld bestimmen diese Phase.

Bedarfsermittlungsphase Kunde und Versicherer ermitteln im Dialog den Versicherungsbedarf des Kunden und die zur Schließung einer eventuellen Versorgungslücke notwendigen Verträge.

Angebotsphase Der Versicherer unterbreitet dem Kunden konkrete Vorschläge zur Bedarfsdeckung und modifiziert diese im Dialog mit ihm. So entsteht ein an die Präferenzsituation des Kunden und an die sich in seiner Person manifestierenden finanziellen Rahmenbedingungen angepaßtes individuelles Vertragsangebot.

Abschlußphase Die Abschlußphase umfaßt alle Aktivitäten von der Antragstellung seitens des Kunden bis zur Ablehnung oder Policierung durch den Versicherer.

Prinzipiell ist jede Phase sowohl in der klassischen außendienstorientierten Form wie im Direktvertrieb denkbar. In den folgenden Schaubildern ist links, mit ADM[4] überschrieben, der klassische Bereich dargestellt. Rechts werden unter dem Akronym WWW neben dem World Wide Web auch die anderen Direktvertriebskanäle subsumiert. Die horizontalen Verbindungen repräsentieren das Internet als das Bindeglied zwischen den beiden „reinrassigen" Vertriebsformen.

Nicht alle dabei theoretisch bestehenden Möglichkeiten sind aus heutiger Sicht sinnvoll oder wünschenswert. So würde beispielsweise die persönliche Beratung durch den Außendienst und der anschließende Versicherungsabschluß über das WWW unter Umgehung des Außendienstmitarbeiters eine Konstellation darstellen, die bei der derzeitigen Aufgaben- und Entlohnungsstruktur die Existenz des Außendienstes in Frage stellte. Sobald die internen Bewertungs- und Vergütungssysteme den Beratungscharakter des Außendienstes widerspiegeln, kann diese Möglichkeit durchaus opportun werden.

---

[4]Außendienstmitarbeiter

Derzeit findet man die folgenden Vertriebsformen vor:

Der klassische Außendienstvertrieb (links) verläßt sich vollständig auf die Beratungs- und Abschlußkompetenz des Außendienstmitarbeiters, ohne dabei Online-Technologien unterstützend einzusetzen. Der reine Direktversicherer (rechts) wickelt alle Geschäfte über Medien wie Brief, Telefon oder Internet ab. Das Defizit, also die fehlende Nutzung des Bindegliedes Internet ist an den nicht vorhandenen waagrechten Verbindungen klar erkennbar.

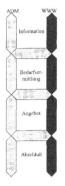

Die meisten größeren Versicherungsunternehmen sind heute bereits im World Wide Web präsent. Der Umfang der Internet-Präsenz reicht dabei jedoch in vielen Fällen nicht über die Präsentation des Unternehmens und einige allgemeinere Informationen zu Produkten und Umfeld hinaus (links, s. auch die Untersuchung in Anhang C). Verschiedentlich ist auch die Bedarfsermittlung über das Internet (z.B. mittels einer Rentenschätzung) schon realisiert (rechts).

Je weniger stark ein Unternehmen durch einen eingeführten Außendienstvertrieb am Markt vertreten ist, desto eher wird es auch die konkrete Angebotsberechnung über das Internet offerieren (links). Dies trifft derzeit vor allem auf Neugründungen, auf Direktversicherer und auf ausländische Anbieter zu. Die baldige Überwindung derzeit noch bestehender Sicherheitsprobleme macht dann auch den Online-Abschluß der Verträge auf breiter Front möglich (rechts).

In diesem Modellierungs-Framework kann sich jedes Versicherungsunternehmen wiederfinden. Dabei scheint die Komplettlösung, also die Realisierung aller Phasen sowohl auf den beiden Schienen Außendienst und Online als auch die Übergänge zwischen WWW und Außendienst, das langfristige Ziel zu sein.

Geschäftspolitische Erwägungen — insbesondere in Hinblick auf einen eigenen, starken Außendienst — lassen aber die zuvor beschriebenen Teilrealisierungen ebenfalls sinnvoll erscheinen. Längerfristig ergeben sich jedoch insbesondere „neue Chancen für diejenigen Unternehmen, die sich rechtzeitig auf die Veränderungen einstellen"[Zin94].

Wenn im folgenden zwei Prozesse auf Fachkonzeptebene detailliert werden, so handelt es sich hierbei nicht um Alternativen. Vielmehr handelt es sich beim ersten Prozeß (Abschnitt 5.3) um den klassischen Fall des Außendienstvertriebes, jedoch nach erfolgtem Business Process Reengineering (s. Abschnitt 2.2). Der zweite Prozeß (Abschnitt 5.4), der die Initiative eines Interessenten über das Internet zum Ursprung hat, beinhaltet im wesentlichen[5] den ersten Prozeß.

5.1. Das Modellierungs-Framework im Projektzusammenhang

Welche Bereiche des in Abbildung 2.3 auf Seite 10 dargestellten Reorganisationsprozesses werden von dem hier präsentierten Modellierungs-Framework abgedeckt? Wie könnte ein Gesamtprojekt aussehen? Zur Beantwortung dieser Fragen entwerfen wir eine Projektskizze gemäß diesem Vorgehensmodell.

Strategy Nach dem Aufstellen gesamtgeschäftspolitischer Ziele werden die betroffenen Prozesse identifiziert und die festgelegten Ziele auf diese Prozesse heruntergebrochen.

Mögliche quantifizierbare[6] Zielsetzungen für den hier betrachteten Neugeschäftsprozeß in der Lebensversicherung könnten sein:

- Erhöhung der Bearbeitungsgeschwindigkeit. Nach Vorliegen aller Unterlagen wird jeder Antrag des Kunden innerhalb von 48 Stunden abschließend bearbeitet. Eventuell notwendige externe Rückfragen machen eine Einschränkung notwendig.

---

[5]abgesehen von der Kontaktaufnahme über das WWW anstelle des Außendienstmitarbeiters
[6]Bei nicht quantifizierbaren Zielen ist eine Kontrolle des Zielerreichungsgrades nicht möglich, weswegen die Festlegung von Zielgrössen in Verbindung mit konkreten Zielwerten zu präferieren ist.

- Stärkung des Außendienstes durch Erhöhung seiner Entscheidungskompetenz. „Normale" Lebensversicherungsanträge[7] können vom Außendienstmitarbeiter nicht nur entgegengenommen, sondern angenommen werden. Der Kunde erhält sofort eine Annahmeerklärung oder Police.

- Jederzeitige Auskunftsbereitschaft. Der aktuelle Bearbeitungsstand muß jederzeit feststellbar sein, ohne erst nach einer Akte zu suchen. Auf Dauer soll der Kunde via Internet den Fortgang seiner Angelegenheit selbst überwachen können (*Tracking*).

Mobilization Bezüglich Organisation und Motivation der Projektmitarbeiter sei auf Abschnitt 2.1 verwiesen. Diese Thematik soll hier nicht vertieft werden.

Assessment Durch Interviews mit den betroffenen Fachabteilungen wurde im Rahmen dieser Arbeit am Beispiel der Allianz Lebensversicherung der bisherige Prozeß evaluiert, auf dessen Darstellung hier jedoch nicht zuletzt wegen dessen Umfang verzichtet werden soll.

In realen Projekten würde danach in Teamarbeit und mittels Kundenbefragungen eine Bewertung aller Teilprozesse des bestehenden Modells aus Kundensicht vorgenommen. Im Rahmen dieser Arbeit wurden in Kapitel 4 die Zielgruppen und ihre Bedürfnisse dargestellt. Darüberhinaus wurde ein Anforderungskatalog für den neu zu schaffenden Prozeß entwickelt.

Benchmarking[8] ist eine Methode, um hier zu ehrgeizigen, aber dennoch realisierbaren Zielvorgaben zu kommen.

Die oben ermittelten Prozeßziele müssen nun detailliert und präzisiert werden. Für das erste der oben genannten Ziele (max. 48 Stunden Bearbeitungszeit) könnte dies die Präzisierung sein, wie das Ziel im Falle notwendiger externer Rückfragen aussieht.

Reinvention Das Internet und speziell die WWW-Oberfläche wurden in Abschnitt 2.6 und Kapitel 3 als Enabler für die möglichen bzw. notwendigen Änderungen herausgearbeitet. In diesem Kapitel werden exemplarisch zwei Prozesse vorgestellt und auf Fachkonzeptebene Stück für Stück detailliert.

Die Entwicklung von DV-Konzept und die exakte Definition der Workflows würde sich an die Ergebnisse dieser Arbeit anschließen.

Implementation Implementierung und Einführung der Prozesse, Schulung der Mitarbeiter und die Übernahme in das betriebliche Konzept kontinuierlicher

---

[7]keine Einträge in Sicherheits- oder Wagnisdatei, keine oder maschinell ermittelbare Risikovereinbarungen
[8]der quantitative Vergleich mit brancheneigenen wie branchenfremden Unternehmen

Verbesserungen machen diese abschließende Phase aus, können hier jedoch nicht näher betrachtet werden.

5.2. Die Modellierung mit ARIS Easy Design

ARIS Easy Design unterstützt durch sein Konzept der Modellhinterlegungen den hierarchischen Top-Down-Modellierungs-Ansatz. Die einzelnen Funktionen werden im folgenden entsprechend ihrer Komplexität in einer unterschiedlichen Zahl von Detaillierungsebenen soweit verfeinert, bis den dann als elementar betrachteten Funktionen die benötigten Ressourcen zugeordnet werden können.

Das eine erweiterte ereignisgesteuerte Prozeßkette (eEPK) stilisierende Symbol an einer Funktion zeigt die Existenz einer Detaillierung in Form einer eEPK oder einer Funktionszuordnung an. ARIS Easy Design spricht hier von der *Hinterlegung* von Modellen. Leider wird für beide Modelltypen dasselbe Hinterlegungssymbol verwandt.

Eine detailliertere Beschreibung der Modellierungsmethode findet sich in Abschnitt 2.3.3.

„Bei der Geschäftsprozeßmodellierung steht das Fachkonzept der Steuerungssicht im Vordergrund"[VB96b]. Während für den hier gegebenen Anwendungsfall die Ausarbeitung der Organisationssicht und der Datensicht keine neuen Erkenntnisse versprechen, verschafft einem der im Rahmen der Funktionssicht erstellte Funktionsbaum eine gute Übersicht des Gesamtprozesses über alle Detaillierungsebenen hinweg.

5.3. Der klassische Fall nach Business Process Reengineering

5.3.1. Überblick

Der klassische Neugeschäftsprozeß (Abbildung 5.1 auf Seite 117) beginnt mit der Kontaktaufnahme des Außendienstlers mit dem Kunden. Alternativ hierzu kann auch der Kunde den Kontakt mit dem Vertreter suchen. Der Prozess kann auf verschiedene Weise enden. Entweder der Kunde verliert im Verlauf der Prozeßabwicklung die Lust an deren Fortgang[9] oder der Versicherer beendet ihn mit einer Entscheidung über Ablehnung oder Annahme des Antrags und gegebenenfalls der Übermittlung der Versicherungspolice an den Kunden. Etwas ausführlicher stellt sich der Prozeß wie in Abbildung 5.2 auf Seite 118 gezeigt dar.

---

[9]im Übersichtsbild nicht ausmodelliert

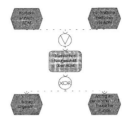

Abbildung 5.1.: Neugeschäft klassisch über Außendienst (Übersicht)

5.3.2. Bedarfsermittlung über Außendienstmitarbeiter

An die Informationsphase schließt sich bei weitergehendem Interesse des Kunden die Bedarfsermittlungsphase an. Außendienstmitarbeiter und Kunde eruieren die Problemlage des Kunden (Abbildung 5.3 auf Seite 119). Der Kunde ist hierbei in hohem Maße involviert, da das Ergebnis direkt von seinem persönlichen Risikoempfinden abhängig ist. Die Absicherung beispielsweise für den Fall der Berufsunfähigkeit wird für den Kunden erst dann zum Problem, wenn er ihr Fehlen als Manko empfindet.

Nachdem das Problem erkannt wurde, wird ein Soll-/Ist-Vergleich zwischen der vorhandenen und der zur Problemlösung notwendigen Versorgung durchgeführt. Falls mehrere Probleme identifiziert wurden, werden die folgenden Schritte für jedes Problem getrennt durchgeführt.

In der Ist-Erhebung ermittelt der Mitarbeiter anhand der Unterlagen und Auskünfte des Kunden den bestehenden Versicherungsschutz des Kunden. Wenngleich für die Lösung des aktuellen Problems die Erhebung des dafür relevanten Versicherungsschutzes ausreichen würde, wird in der Praxis meist eine Gesamtanalyse des Versicherungsportfolios durchgeführt. Dieser ganzheitliche Ansatz dient der Verbesserung der Beratungsqualität über das aktuelle Problem hinaus. Im Falle multipler Problemstellungen ist die Ist-Erhebung dann natürlich nur einmal durchzuführen.

Parallel[10] zur Ist-Erhebung wird in einer Soll-Analyse der zur Lösung des Kundenproblems notwendige Versicherungsbedarf ermittelt.

Dabei unterscheidet man zwei Arten der Bedarfsdeckung[11]:

Konkrete Bedarfsdeckung In der Schadenversicherung ist der Versicherungsbedarf objektiv und konkret ermittelbar. Durch das gesetzliche Bereicherungs-

---

[10]Parallel meint hier nicht gleichzeitig, sondern in beliebiger Reihenfolge
[11]Für genaue Definitionen der hier verwandten Begriffe siehe z.B. [Sch82]

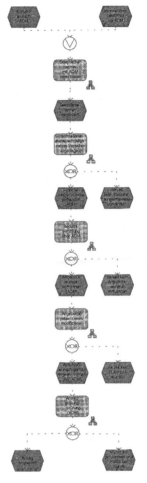

Abbildung 5.2.: Neugeschäft klassisch über Außendienst

verbot ist die Höhe des Versicherungsschutzes begrenzt.

Abstrakte Bedarfsdeckung In der Summenversicherung gilt das Prinzip der ab-

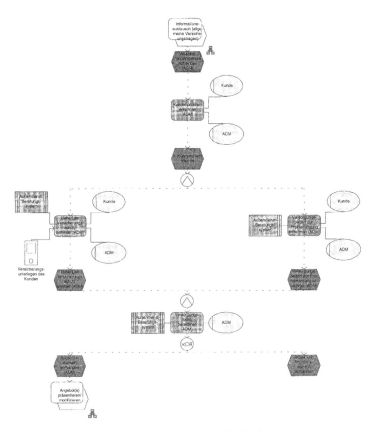

Abbildung 5.3.: Bedarfsermittlung über Außendienstmitarbeiter

strakten Bedarfsdeckung, bei der zwischen Kunde und Versicherer die Höhe des Versicherungsschutzes ohne Beachtung gesetzlicher Grenzen frei vereinbart werden kann, da ein objektiver Versicherungswert nicht bestimmbar ist.

Wie bei der eben beschriebenen Soll-/Ist-Erhebung wird der Außendienstmitarbeiter auch bei der Berechnung der Versorgungslücke als Differenz aus Versorgungsbedarf und bereits vorhandenem Versicherungsschutz (Soll - Ist) durch sein Außendienstberatungssystem unterstützt. Bei vollständig durchgeführter Datenerhebung kann dieser Schritt ohne Mitwirkung des Kunden durchgeführt werden.

5.3.3. Angebote präsentieren / modifizieren

Sei es im Anschluß an die von ihm selbst durchgeführte Bedarfsermittlung, sei es infolge einer Terminvereinbarung mit dem Kunden nach dessen Bedarfsermittlung im World Wide Web: Der Kunde möchte ein Angebot präsentiert und gegebenenfalls solange modifiziert bekommen, bis er damit zufrieden ist und den angebotenen Vertrag abschließen möchte oder bis klar ist, daß ihn derzeit keines der Angebote zum Abschluß motivieren kann (Abbildung 5.4 auf Seite 120).

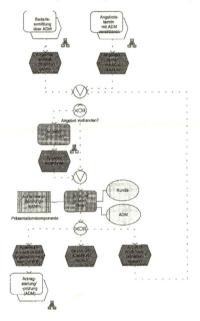

Abbildung 5.4.: Angebot(e) präsentieren / modifizieren

Um dem Kunden ein möglichst kompetenter Partner zu sein, ist es wichtig, daß der Außendienstmitarbeiter dem Kunden vor Ort ein definitives Angebot machen kann. Dazu ist es notwendig, gegebenenfalls die Sonderkonditionen abrufen zu können, falls der Kunde aufgrund seiner Firmen- oder Vereinszugehörigkeit Anspruch hierauf hat. Hierzu ist der Aufbau einer kurzzeitigen Online-Verbindung notwendig. Ferner ist es angesichts der wachsenden Komplexität der Finanzprodukte (man denke etwa an Versicherungsinnovationen wie die aktienindexgebundene Lebensversicherung mit garantierter Mindestverzinsung) ratsam, dem Außendienstmitarbeiter die Gelegenheit zum Rückgriff auf ein Call-Center zu geben. Dieses muß dann natürlich neben den normalen Bürozeiten insbesondere auch während der Abendstunden besetzt sein, also etwa von 9:00 Uhr bis 22:00 Uhr.

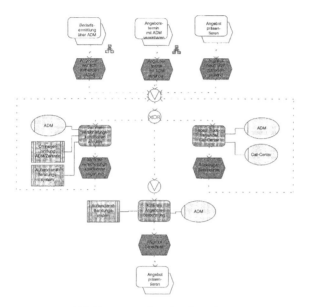

Abbildung 5.5.: Angebot berechnen

Entweder direkt oder nach Rückgriff auf die genannten zusätzlichen Informationsquellen kann der Außendienstmitarbeiter dann das eigentliche Angebot mit Hilfe seines Beratungssystems erstellen (Abbildung 5.5 auf Seite 121).

5.3.4. Antragstellung / -prüfung

Der Versicherer muß gleich aus verschiedenen Gründen mehrere Antragswege ermöglichen (Abbildung 5.6 auf Seite 122). Zum einen wird er auch an dem Versicherungsgeschäft von nebenberuflichen Mitarbeitern interessiert sein, für die sich die

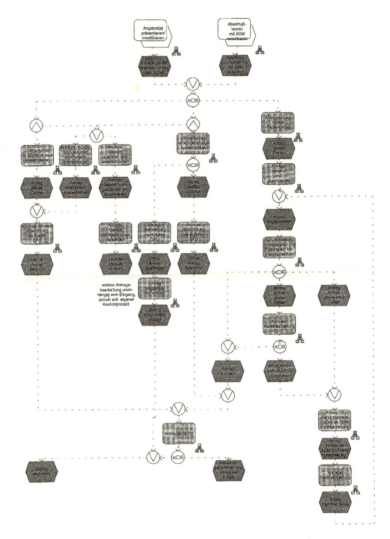

Abbildung 5.6.: Antragstellung/-prüfung (ADM)

Anschaffung und/oder Bereithaltung eines Laptops nicht lohnt. Auch Mehrfirmenvertreter oder Makler werden nur dann über elektronische Zugangswege zum Versicherungsunternehmen verfügen, wenn sie ein hohes Geschäftsvolumen mit diesem abwickeln. Zum anderen gibt es eine Reihe von Vertretern, die die elektronische Antragsaufnahme aus verschiedensten Gründen ablehnen. Für all diese Gruppen muß also nach wie vor der Papierantrag Verwendung finden.

Aber auch bei der elektronischen Antragsaufnahme mit Hilfe des Beratungssystems gilt es zwei orthogonale Kriterien zu unterscheiden:

Zum einen die Art, wie der Kunde sein Einverständnis mit dem Antrag erklärt. Da zumindest für Teile des Antrages die Schriftform gesetzlich vorgeschrieben ist, bleibt derzeit nur die Möglichkeit, daß der Kunde entweder den ganzen Antrag[12] oder ein sogenanntes Antragsbeiblatt unterschreibt. Juristen sind der Meinung, daß mit der Unterschrift unter ein solches Antragsbeiblatt, welches keine individuellen Vertragsdaten, sondern lediglich allgemeine Vereinbarungen (Datenschutzklausel, Entbindung von der ärztlichen Schweigepflicht, Einverständnis einer zu versichernden dritten Person, Lastschriftermächtigung usw.) enthält, dem gesetzlichen Schriftformerfordernis genüge getan ist.

Nach der erfolgten Verabschiedung des Signaturgesetzes (s. Abschnitt 3.5.4.1) ist davon auszugehen, daß noch vor der Jahrtausendwende die digitale Signatur äquivalent zur handschriftlichen Unterschrift verwandt werden kann. Der Kunde könnte seinen Antrag dann rechtsgültig signieren, was zum einen das Antragsbeiblatt entbehrlich machte, vor allem aber eine nachträgliche Modifikation der Antragsdaten ausschlösse.

Das zweite Kriterium ist die Art der Übermittlung der Antragsdaten an die Versicherung. Hierbei ist zwischen dem Aufbau einer Online-Verbindung sofort nach Antragstellung oder der täglichen Datenfernübertragung (DFÜ) zu unterscheiden. Im Falle der Online-Datenübermittlung werden die gesendeten Daten beim Versicherer noch während der Verbindung ausgewertet. Sollten alle Prüfungen[13] erfolgreich passiert werden, so kann der Außendienstmitarbeiter dem Kunden noch vor Ort eine Annahmeerklärung[14] unterschreiben und überreichen. Die Police, zu deren Ausstellung der Versicherer nach §3 Versicherungsvertragsgesetz (VVG) ohnehin gesetzlich verpflichtet ist, wird dann nachträglich versandt. Das gleiche gilt, falls lediglich eine Sondervereinbarung aufgrund der Gesundheitsverhältnisse mit dem Kunden getroffen werden muß und dieser hiermit einverstanden ist. In allen anderen Fällen muß der Antrag manuell geprüft werden und wird daher zusammen

---

[12] Dieser müßte dann vor Ort ausgedruckt werden. Die Ausstattung der Mitarbeiter mit einem mobilen Drucker stellt derzeit jedoch eher die Ausnahme als die Regel dar.

[13] Sicherheitsüberprüfung auf bestimmte Auffälligkeitsmuster, Prüfung der branchenweiten Wagnisdatei sowie Gesundheitsprüfung

[14] Vergleichbar mit dem Antragsbeiblatt handelt es sich dabei auch um ein vorgedrucktes Dokument, das lediglich (handschriftlich) um den Namen des Kunden ergänzt wird.

mit den offline oder per Post übersandten Anträgen geprüft.

Falls von vornherein nur die Offline-Antragsübermittlung in Frage kommt, besteht die Möglichkeit einen Teil der Antragsprüfung an den Point of Sale (POS), d.h in der Regel zum Kunden, zu verlagern (Abbildung 5.7 auf Seite 125). Es ist technisch möglich, eine vereinfachte Version des Normalrisikenselektionsprogramms[15] in die Beratungssoftware des Außendienstsystems zu integrieren, so daß bei gesundheitlichen Einschränkungen die eventuell notwendige Zusatzvereinbarung häufig gleich in den Antrag eingearbeitet werden kann.

Abgesehen von den Online-Anträgen werden alle Anträge zunächst soweit vorverarbeitet, bis sie der einheitlichen Antragsprüfung zugeführt werden können. Während das Außendienst-Beratungssystem nur formal korrekte Anträge zuläßt, ist beim papiernen Antrag jede Form von Fehler denkbar.

5.3.4.1. Antragsprüfung

Zwar durchlaufen alle Anträge die Antragsprüfung (Abbildung 5.8 auf Seite 126), die zeitlichen Anforderungen sind jedoch bei online übermittelten Anträgen viel restriktiver. Da hier das Ergebnis der Prüfung zurückübermittelt wird, müssen diese Anträge sofort verarbeitet werden. Falls aufgrund der Prüfungen eine abschließende Bearbeitung nicht sofort möglich ist, muß zumindest dies sofort mitgeteilt werden, damit der Mitarbeiter den Kunden hierüber informieren und die Online-Verbindung gegebenenfalls abbauen kann.

Abhängig von den beantragten Versicherungssummen ist eventuell unabhängig von den Gesundheitsverhältnissen eine ärztliche Untersuchung notwendig. In diesen Fällen ist eine sofortige abschließende Bearbeitung generell nicht möglich[16].

Sollte der Antrag nach Prüfung nicht oder nur unter erschwerten Bedingungen angenommen werden können, so muß der Versicherer diese Tatsachen in der Wagnisdatei hinterlegen.

Im übrigen sollte Abbildung 5.8 auf Seite 126 selbsterklärend sein.

5.4. Initiativanfrage eines Interessenten über das Internet

Wie bereits in der Einleitung zu diesem Kapitel erwähnt handelt es sich bei diesem Prozeß nicht um etwas völlig Neues. Vielmehr wird der im vorigen Abschnitt be-

---

[15] Dabei handelt es sich um ein Expertensystem, das in vielen Fällen zur maschinellen Bestimmung risikoadäquater Zusatzvereinbarungen in der Lage ist.

[16] Es wäre denkbar, daß das System diese Tatsache erkennt und in diesen Fällen erst gar keine Online-Verbindung aufbaut, sondern den Antrag stattdessen zur täglichen DFÜ vormerkt.

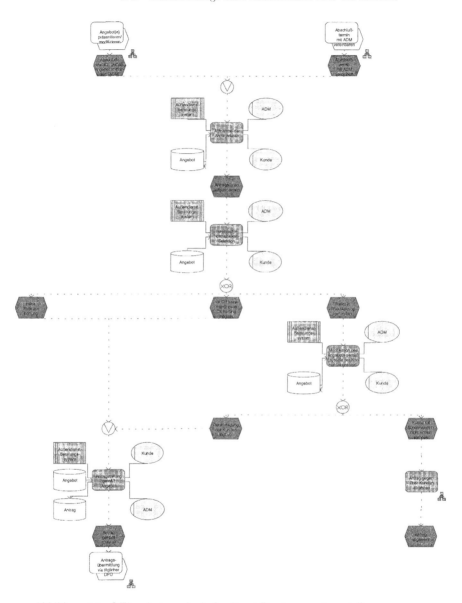

Abbildung 5.7.: Offline-Antrag via Außendienst-Beratungssystem stellen

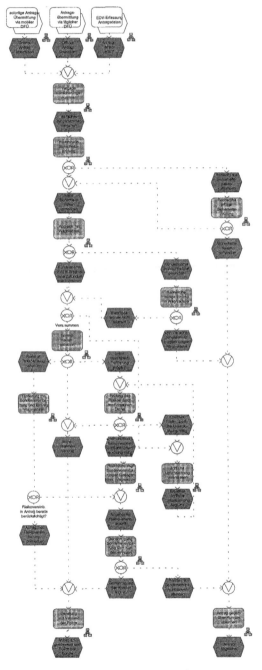

126

Abbildung 5.8.: Antragsprüfung

handelte Prozeß hier nahezu vollständig „wiederverwertet". An den entsprechenden Stellen wird daher lediglich hierauf verwiesen, um Wiederholungen zu vermeiden.

5.4.1. Überblick

Ausgangspunkt des Prozesses ist ein Informationsbedürfnis des (potentiellen) Kunden, das er über das WWW zu stillen versucht.

Abbildung 5.9.: Neugeschäft mit WWW (Übersicht)

Wie schon beim ersten Prozeß sind auf dieser extrem komprimierten Prozeßübersicht (Abbildung 5.9 auf Seite 127) Prozeßabbrüche seitens des Kunden noch nicht dargestellt. Bereits in der ersten Detaillierung sind sie jedoch erkennbar. Abbildung 5.10 auf Seite 128 weist im mittleren Bereich eine vertikale Dreiteilung auf. In der linken „Spalte" findet sich der bereits bekannte, außendienstgestützte Prozeß aus dem vorigen Abschnitt wieder. Rechts ist der entsprechende Prozeß mit Unterstützung durch das World Wide Web anstelle des Außendienstmitarbeiters dargestellt. In der mittleren „Spalte" schließlich ist der Übergang vom WWW-gestützten zum außendienstgestützten Prozeß modelliert. Die eingangs des Kapitels geschilderte Komplettlösung (s. die Abbildung rechts unten auf Seite 113) ergibt sich durch Ergänzung der Außendienstspalte um die Kontaktaufnahme des vorigen Prozesses.

5.4.2. Allgemeine Nutzung des WWW-Servers

Die in Abbildung 5.11 auf Seite 129 gezeigten Möglichkeiten der Information im World Wide Web sind zwar verbreitet, jedoch wird hier ausdrücklich kein Anspruch auf Vollständigkeit erhoben. Danach kann sich der Kunde entscheiden, ob er die Bedarfsermittlung mit Hilfe des WWW selbst vornimmt, oder ob er hierzu lieber die Hilfe eines Außendienstmitarbeiters in Anspruch nimmt.

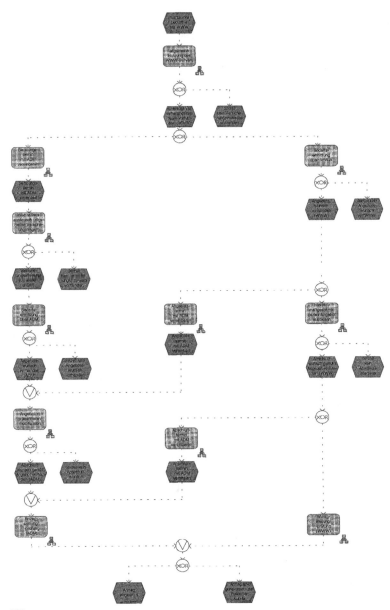

Abbildung 5.10.: Neugeschäft mit WWW

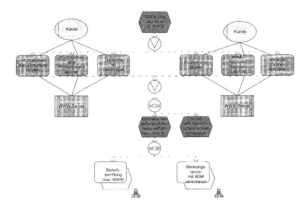

Abbildung 5.11.: allgemeine Nutzung des WWW-Servers

5.4.3. Bedarfsermittlung

Die Bedarfsermittlung über das WWW erfordert eine komplexere Darstellung als
der entsprechende Teilprozeß auf Außendienstseite. So kann man es der Intuition
eines guten Versicherungsberaters überlassen, das Kundenproblem zu erkennen.
Im Internet, wo stattdessen ein Programm seinen Dienst tut, muß man sich dessen
Aufgaben explizit vergegenwärtigen. In Abbildung 5.12 auf Seite 130 sind zwei
verschiedene Ansätze alternativ dargestellt.

Bei dem intelligenten Fragenkatalog handelt es sich um eine Folge von Fragen,
bei der die Auswahl der jeweils nächsten Frage vom Ergebnis der bisher gestellten
abhängig ist. So kann das Problem des Kunden mit relativ wenigen Fragen einge-
kreist werden. Bei einer größeren Zahl von Fragen bestünde die Gefahr, daß der
Kunde vor Beantwortung aller Fragen bereits das Interesse an deren Auswertung
verliert.

Alternativ kann man eine einfachere Lösung wählen. Hier präsentiert man dem
Kunden eine Liste mit Problemstellungen, für die man ihm eine Lösung aufzeigen
kann und läßt ihn selbst wählen.

Der restliche Bedarfsermittlungsprozeß (Abbildung 5.13 auf Seite 131) verläuft
ähnlich wie im vorigen Prozeß. Dabei stehen dem Kunden sowohl ein Beratungssy-
stem auf einem Rechner des Versicherers als auch ein Call-Center[17] für eventuelle

---

[17]Ob es sich bei diesem Call-Center um dasselbe wie für den Außendienst handelt (mit anderer
Rufnummer als Erkennungszeichen) oder ob hierfür spezielles Personal eingesetzt wird, soll
an dieser Stelle offenbleiben.

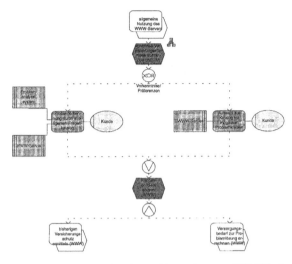

Abbildung 5.12.: Kundenproblem erkennen (WWW)

Fragen zur Verfügung. Mit diesen Hilfen ist der Kunde in der Lage, seine Versorgungslücke selbst zu berechnen. Auf Wunsch kann er sich das Ergebnis in Form einer Bedarfsanalyse ausdrucken.

Auch nach diesem Schritt ist wieder ein Wechsel auf die andere Prozeßschiene möglich. Im Gegensatz zum vorherigen Fall sind jetzt aber bereits prozeßrelevante Daten – nämlich die Bedarfsanalyse – vorhanden. Diese werden daher zur Vermeidung von Medienbrüchen auf Wunsch des Kunden an den von ihm spezifizierten Außendienstmitarbeiter elektronisch weitergeleitet. Dieser vereinbart mit dem Kunden einen Termin, bis zu dem er ihm ein oder mehrere Angebote ausarbeitet.

5.4.4. Interaktiv maßgeschneidertes Angebot erarbeiten

Stattdessen kann der Kunde sich auch interaktiv am Bildschirm das für ihn optimale Angebot erarbeiten. Falls ihm das vom Versicherer aufgrund der Bedarfsermittlung erstellte Angebot zusagt, kann er gleich zum Vertragsabschluß übergehen. Gelegentlich ist der Kunde jedoch nicht willens oder in der Lage, seine Versorgungslücke vollständig zu schließen oder er hat einfach andere Vorstellungen von dem „richtigen" Angebot. In diesem Fall kann er alle angebotsrelevanten Parameter

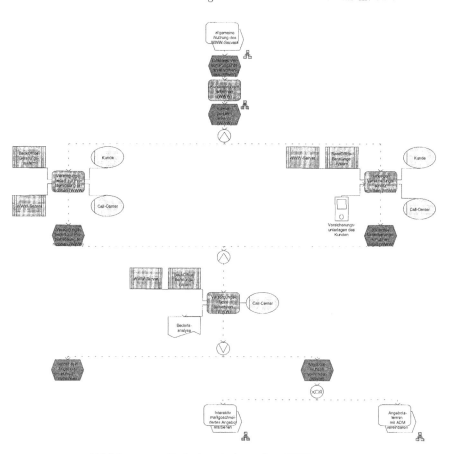

Abbildung 5.13.: Bedarfsermittlung über WWW

in einem Formular bereichsmäßig eingrenzen[18]. Der Versicherer versucht dann eine möglichst weitgehende Teildeckung der Versorgungslücke des Kunden im Rahmen der vorgegebenen Wertebereiche zu ermitteln und präsentiert diese dem Kunden als neues Angebot. Falls die Vorgaben des Kunden kein Angebot mehr zulassen,

---

[18]Durch identische Unter- und Obergrenze kann er einzelne Parameter auch fixieren.

weist das System den Kunden auf diesen Umstand hin. Der iterative Prozeß endet entweder mit einem zufriedenstellenden Angebot oder mit der Erkenntnis, daß kein Angebot alle Wünsche des Kunden befriedigt.

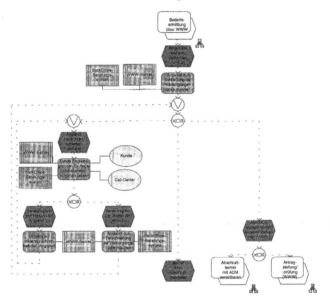

Abbildung 5.14.: Interaktiv maßgeschneidertes Angebot erarbeiten (WWW)

Auch hier ist auf Wunsch der Übergang zum Abschluß durch den Außendienst unter Übermittlung der Daten des gewünschten Vertrages möglich.

5.4.5. Antragstellung / -prüfung

Will der Kunde den Vertrag über das World Wide Web abschließen, muß er das letzte Angebot lediglich um seine persönlichen Daten ergänzen, soweit diese bis dahin nicht erhoben wurden. Anschließend signiert der Kunde den Antrag elektronisch. Die Antragsprüfung ist bereits aus dem vorherigen Prozeß bekannt. Es ist hier lediglich darauf zu achten, daß eventuelle Meldungen aufgrund einer der Prüfungen in einer für den Kunden geeigneten Form präsentiert werden.

Der Abschluß in der oben skizzierten Form ist erst nach Realisierung der elektronischen Unterschrift möglich. Nun gibt es aber schon einige wenige Versicherer,

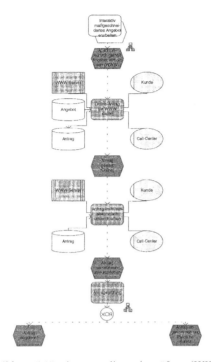

Abbildung 5.15.: Antragstellung / -prüfung (WWW)

die Versicherungsverträge über das WWW abschließen. Wieso wurde dies hier nicht berücksichtigt? In all diesen Fällen kommt der Vertrag nicht wie hier durch Übersendung der Police an den Kunden zustande (oder sogar vorher durch eine ebenfalls digital signierte Annahmeerklärung seitens des Versicherers), sondern der Versicherer vertraut „blind" auf die Richtigkeit der ihm übermittelten Daten. Die von ihm übersandte Police ist dann der Antrag, den der Kunde zum Beispiel durch Zahlung der Prämie akzeptiert. In den meisten Fällen wird dem Kunde dies jedoch nicht bewußt werden.

Dennoch ist der geschilderte Weg bis zur Umstellung auf die digitale Signatur eine gangbare Lösung, die jedoch aufgrund der geschilderten Schwächen keinen Eingang in das Modell finden soll.

A. GVU's 7th WWW User Surveys

Soweit nicht anders vermerkt, stammen die Graphiken in diesem Abschnitt aus der siebten Umfrage. Aus den in Abschnitt 4.1.1.1 angeführten Gründen sind hier zusätzlich zwei Graphiken (Abbildungen A.1 und A.2) aus der sechsten GVU-Umfrage enthalten.

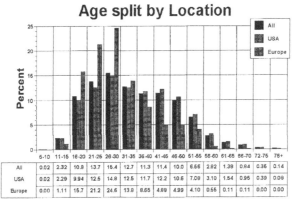

Age split by Location

	5-10	11-15	16-20	21-25	26-30	31-35	36-40	41-45	46-50	51-55	56-60	61-65	66-70	72-75	76+
All	0.02	2.32	10.8	13.7	15.4	12.7	11.3	11.4	10.0	6.56	2.92	1.38	0.84	0.36	0.14
USA	0.02	2.29	9.94	12.5	14.8	12.5	11.7	12.2	10.6	7.08	3.10	1.54	0.95	0.39	0.09
Europe	0.00	1.11	15.7	21.2	24.6	13.8	8.65	4.89	4.99	4.10	0.55	0.11	0.11	0.00	0.00

Abbildung A.1.: Altersverteilung der Internet-Nutzer getrennt nach Herkunft (6th Survey)

Gender split by Location

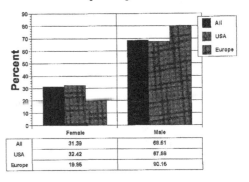

	Female	Male
All	31.39	68.61
USA	32.42	67.58
Europe	19.85	80.15

Source: GVU's Sixth WWW User Survey™ (Conducted October 1996)
<URL:http://www.cc.gatech.edu/gvu/user_surveys>
Copyright 1996 GTRC - ALL RIGHTS RESERVED
Contact: www-survey@cc.gatech.edu

Abbildung A.2.: Geschlechterverteilung der Internet-Nutzer getrennt nach Herkunft (6th Survey)

136

Gender split by Location

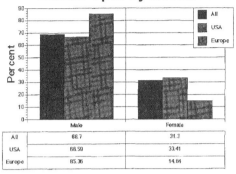

	Male	Female
All	68.7	31.3
USA	66.59	33.41
Europe	85.36	14.64

Abbildung A.3.: Geschlechterverteilung der Internet-Nutzer getrennt nach Herkunft

Household Income split by Location

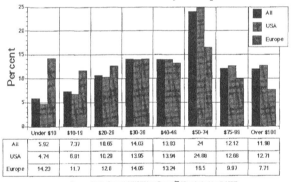

	Under $10	$10-19	$20-29	$30-39	$40-49	$50-74	$75-99	Over $100
All	5.92	7.37	10.65	14.03	13.93	24	12.12	11.98
USA	4.74	6.81	10.29	13.95	13.94	24.88	12.68	12.71
Europe	14.23	11.7	12.8	14.05	13.24	16.5	9.97	7.71

Abbildung A.4.: Einkommensverteilung der Internet-Nutzer getrennt nach Herkunft

137

A. *GVU's 7th WWW User Surveys*

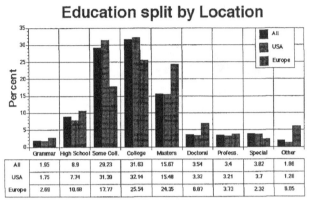

Education split by Location

	Grammar	High School	Some Coll.	College	Masters	Doctoral	Profess.	Special	Other
All	1.95	8.9	29.23	31.63	15.67	3.54	3.4	3.82	1.86
USA	1.75	7.74	31.39	32.14	15.48	3.32	3.21	3.7	1.28
Europe	2.69	10.69	17.77	25.54	24.35	6.87	3.73	2.32	8.05

Source: GVU's Seventh WWW User Survey™ (Conducted April 1997)
<URL:http://www.gvu.gatech.edu/user_surveys/>
Copyright 1997 GTRC - ALL RIGHTS RESERVED
Contact: www-survey@cc.gatech.edu

Abbildung A.5.: Verteilung der Ausbildungsabschlüsse von Internet-Nutzern getrennt nach Herkunft

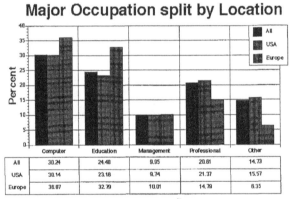

Major Occupation split by Location

	Computer	Education	Management	Professional	Other
All	30.24	24.48	9.95	20.61	14.73
USA	30.14	23.18	9.74	21.37	15.57
Europe	36.07	32.79	10.01	14.79	6.35

Source: GVU's Seventh WWW User Survey™ (Conducted April 1997)
<URL:http://www.gvu.gatech.edu/user_surveys/>
Copyright 1997 GTRC - ALL RIGHTS RESERVED
Contact: www-survey@cc.gatech.edu

Abbildung A.6.: Beschäftigungsverteilung von Internet-Nutzern getrennt nach Herkunft

B. Auswahl an Meta-Seiten

Die folgende Liste enthält annotierte Verweise auf Verweise auf Versicherungen und versicherungsrelevante Themen, ist also eine Meta-Liste. Neben dem Schwerpunkt Versicherungen in Deutschland (Versicherer, Makler, Agenturen, Forschung+Lehre) ist auch der amerikanische Markt berücksichtigt, da man dort häufig sehen kann, was in ein paar Monaten oder Jahren auf uns zukommen wird.

Die Liste beansprucht ausdrücklich keinerlei Anspruch auf Vollständigkeit, war dem Autor jedoch bei seinen Recherchen nützlich.

- **Aktivitäten deutschsprachiger Versicherungen im Internet**
  Wirtschaftsinformatik 10/96 [RS96]

  durch die Angabe besonderer Inhalte geht diese Liste über den Charakter einer reinen Link-Liste klar hinaus.

- **Insurance Companies & Resources on the Net**
  lattanze.loyola.edu/users/cwebb/insure.html

  nicht mehr ganz taufrische, aber umfangreiche Liste von Versicherungen und versicherungsrelevanten Sites aus den USA

- **DINO : Unternehmen — Versicherungen**
  www.dino-online.de/seiten/go13cv.htm

  umfangreiche Liste, getrennt nach Versicherungen, Maklern, Agenturen, Verbänden und sonstige

- **Internetadressen der Versicherungswirtschaft**
  www.bbg-online.de/sprungbrett/vg_ab.htm

  sehr umfangreiche Liste von Versicherern, aber auch ein Blick auf die Home-page www.bbg-online.de lohnt sich.

- **Related Insurance Sites**
  www.iiaa.iix.com/related.htm

  das Wichtigste aus der amerikanischen Versicherungsbranche

- **Versicherungen: Linkliste der FH Köln**
  www.fh-koeln.de/fb-vw/links/links.htm

  neben deutschen Versicherern, Agenturen und Maklern finden sich auch internationale Verweise sowie Links auf Themen zu Forschung+Lehre

- **Uni Göttingen: Versicherungen im Internet**
  www.wi2.wiso.uni-goettingen.de/versich/

  diese Seite entwickelt sich hervorragend. Mittlerweile sind außer URL und Anschrift auch die Produktpalette vermerkt. Durch Symbole wird für jede Sparte auf die Möglichkeit zum Forms-basierten Angebot bzw. zur Online-Tarifierung/Angebotserstellung hingewiesen

- **Versicherungen Online**
  www.versicherungen.de/

  diese Site versteht sich als Forum für alle Themen um die Versicherung, bietet daher auch Diskussionsforen (auch für Versicherungsprofis), Stellenangebote, Verbraucherinformationen usw.

- **Versicherungen (ct 11/96)**
  www.heise.de/ct/Artikel/96/11/130.HTM

  fast schon historischen Wert hat diese Liste, die beim Erscheinen des Heftes ziemlich vollständig war. Daran erkennt man das Wachstum von Versicherungsangeboten auf dem WWW sehr deutlich.

- **Versicherungs-Mailingliste Uni Köln**
  http://www.uni-koeln.de/wiso-fak/versich/index.html

  hier wird insbesondere eine Mailingliste zum Thema Versicherung angeboten (die aber nach den Erfahrungen des Autors nahezu nicht benutzt wird).

C. Versicherungen im Internet

Die Recherchen für die folgenden Tabellen wurden alle in der Zeit vom 06. Juli
bis zum 10. August 1997 durchgeführt. Zunächst wurden mit Hilfe der in Anhang
B aufgeführten Suchdienste 66 Versicherer in Deutschland ausfindig gemacht. Anschließend wurden diese Gesellschaften anhand eines 20 Kriterien umfassenden
Kataloges untersucht.

Da eine objektive Bewertung praktisch unmöglich ist, wurde eine zweistufige
Bewertung gewählt. In der ersten, noch recht objektiv beurteilbaren Stufe wurde
das Vorhandensein oder Fehlen der Merkmale durch eines von drei Symbolen oder
Freilassen des entsprechenden Bewertungsfeldes gekennzeichnet. Die zweite Stufe
enthält eine rein subjektive Wertung mittels dreier Symbole.

Symbol	Bedeutung
	Merkmal nicht vorhanden
--	Merkmal vorhanden - subjektiv schlechte Lösung
o	Merkmal vorhanden - subjektiv normale Lösung
+	Merkmal vorhanden - subjektiv gute Lösung

Bei den Kriterien handelt es sich im einzelnen um

Allgemeine Unternehmenspräsentation Informationen über das Unternehmen (Geschichte, Ziele, Corporate-Identity-Statement etc.)

Anforderung Geschäftsbericht Möglichkeit, den aktuellen Geschäftsbericht zu
bestellen oder Angebot zum Download

Anforderung Broschüren Möglichkeit, sich Broschüren mit Produktinformatio-
nen zusenden zu lassen

Präsentation Produktangebot Präsentation der gesamten Produktpalette (Zielgruppe, Einsatzzweck, Leistungen, Tarifbeschreibungen etc.)

Persönliche Angebote interaktiv Möglichkeit, sich individuelle Angebote anhand
eines Fragenkataloges erstellen zu lassen. Falls das Ergebnis nicht unmittel-
bar online übermittelt, sondern versandt oder durch einen Mitarbeiter über-
bracht wird, wurde dies negativ (−) bewertet.

C. *Versicherungen im Internet*

Antragstellung Online Die Antragstellung ist ohne einen Antrag in Papierform direkt über das Internet möglich.

E-Mail/Form-Kontakt Kommunikation mittels e-mail oder Formular für Freitext-Mitteilungen wird angeboten.

Mail-Listen Das Abonnement von Informationen (z.B. über das Unternehmen oder die Produkte) ist vorgesehen.

Gewinnspiele/Incentives Es werden Gewinnspiele oder andere Incentives (Werbegeschenke, interessante Spiele etc.) eingesetzt.

Preisvorteile/exklusive Produkte Es gibt Produkte, die ausschließlich oder preisvergünstigt über das Internet angeboten werden.

Statische Informationen Bereithalten von Informationen, die sich im Zeitablauf nur selten ändern (Gesetze, Versicherungsbedingungen, Glossar etc.)

Dynamische Informationen Bereithalten von Informationen mit einer hohen Änderungshäufigkeit (Börsenkurse, News, Hypothekenzinsen etc.)

Interaktive Informationen Generierung kundenindividueller Informationsseiten auf Anforderung mittels WWW-Formular (z.B. Gutachten über Zeitwert eines Kfz)

Auswahl Außendienstmitarbeiter Der zuständige Mitarbeiter oder zumindest die zugehörige Vertriebseinheit (dann Wertung −) kann online ermittelt werden.

Links konzernintern Hypertext-Links erlauben das Verzweigen zu anderen Konzerngesellschaften.

Links konzernextern Mittels Hypertext-Links ist das Verzweigen zu Angeboten von Anbietern außerhalb des Konzerns möglich.

Personalmarketing Der Versicherer präsentiert sich als Arbeitgeber und sucht den Kontakt zu seinen künftigen Mitarbeitern über WWW (Stellenangebote, Stellenbeschreibungen, Bewerbungstips, Online-Bewerbungs-Formular etc.)

Aktionärsinfos Zusammenstellen von Informationen für den Aktionär (bisherige Performance, Kalender mit Terminen von Analystenversammlungen oder Hauptversammlungen etc.)

PR-Informationen/-berichte Abrufmöglichkeit für Pressemitteilungen und Hintergrundberichte.

Feedback-Formular Formular, mit dem der Benutzer Kritik üben kann.

Gesellschaft	URL (http://www.)	allg. ÜN-Präsentation	Anford. Gesch.bericht	Anford. Broschüren,...	Präs. Produktangebot	pers. Angebote interakt.	Antragstellung Online	e-mail/Form-Kontakt	Mail-Listen	Gewinnspiele/Incentives	Preisvorteile/Exkl. Produkte	Infos statisch	Infos aktuell	Infos interaktiv	Auswahl AD-Mitarb.	Links konzernintern	Links konzernextern	Personalmarketing	Aktionärsinfos	PR-Infos/-berichte	Feedback-Formular
AMB	aachenerundmuenchener.de	-		o	-			o				o									o
Advocard	advocard.de	+			+	+	+	o												o	
Aegon/MoneyMaxx	moneymaxx.de	+		+	+	o	-	-											+		
Agrippina	agrippina-versicherung.com	o			o		o	o	o				-		o	o	o	o			
Albingia	albingia.de	o			o			+	-												
Allianz Sach	allianz.de	o	+	+	+	+		o				+	+		+		+	+	+	+	+
Allianz KAG	allianz-kag.de			+	+			+				+	+		+	-	+	+	+	+	-
Allianz Leben	allianz-leben.de		+	+	o			-							-			-		+	+
ARAG	arag.de			-	-			o												+	-
Aspecta	aspecta.com	-			o	-				o	o										
Auto Direkt	autodirekt.taunus.com	o			o	-		-		o			-								
AXA Direkt	axa-direkt.de	o			o	-		-		o											
Bad. Gemeinde	bgv.de	o			-			-													
Barmenia	versicherungen.de/barmenia	o		o	o			o													
Basler	basler.de	o		o	o			o				o				+	o				
Bayerische Beamten	bbv.de				-							o				o	o				
Bayern-Dialog	dialog.bayern.com	o			o	-															o

Gesellschaft	URL (http://www.)	allg. UN-Präsentation	Anford. Gesch.bericht	Anford. Broschüren....	Präs. Produktangebot	pers. Angebote interakt.	Antragstellung Online	e-mail/Form-Kontakt	Mail-Listen	Gewinnspiele/Incentives	Preisvorteile/Exkl. Produkte	Infos statisch	Infos aktuell	Infos interaktiv	Auswahl AD-Mitarb.	Links konzernintern	Links konzernextern	Personalmarketing	Aktionärsinfos	PR-Infos/-berichte	Feedback-Formular
Berlin-Kölnische	berlin-koelnische.de	o		-	+	-		o		o		-	o		-		o				
Berlinische Leben	berlinische.de	o		o	o	?		o		-			o		-	o	o			o	
BHW Leben	bhw.de	o			-			o								+					
Bruderhilfe	versicherungen.de/bruderhilfe	o		o			o											-			-
Central Kranken	ckv.de	-			o	-	o	-	o			+		o		o	o	+		o	-
CIGNA	cigna.de	+		o	+	-		+		+		+				+		o			
Colonia	colonia-online.de	o		o	o	-		-		o		-			-		o	o		o	-
Concordia	concordia.de			o	o	-		-													
Continentale	http://home.t-online.de/home/die_continentale				o			-							+	o	o	o			
Cosmos Direkt	CosmosDirekt.de	-		o	-	o		o		-			o		-	o		o		o	o
Deutscher Herold	herold.de				-	-		-							+	+				o	-
DEVK	devk.de	-				-		-		?		-									
Die Alternative	alternative.de			o	o	-		-								-	o	o		o	-
DKV	dkv.com				-	+		-							+						
Europa	bonn-service.de/Europa	-			o			-				-			-			o			
Feuersozietät	feuersozietaet.de	o		o	+	+		o							-	o					o
Generali Deutschl.	generali.de	-			-	-		-				-			-	-				-	-

Gesellschaft	URL (http://www.)	allg. UN-Präsentation	Anford. Gesch.bericht	Anford. Broschüren,...	Präs. Produktangebot	pers. Angebote interakt.	Antragstellung Online	e-mail/Form-Kontakt	Mail-Listen	Gewinnspiele/Incentives	Preisvorteile/Exkl. Produkte	Infos statisch	Infos aktuell	Infos interaktiv	Auswahl AD-Mitarb.	Links konzernintern	Links konzernextern	Personalmarketing	Aktionärsinfos	PR-Infos/-berichte	Feedback-Formular
Gerling	gerling-konzern.de	o				+	o	-					+		-	-		o			
Gothaer	gothaer.de	o		o	o			-										o		o	
Hamburg-Mannheimer	hamburg-mannheimer.de	o			-			o		o										o	o
Hannover Leben	hannoversche-leben.de	o		o	o	+		o		+			+	o							
Hanse-Merkur	hanse-merkur.de	o			-	-		-													
HDI	hdi.de					-		-													
Hermes Kredit	der-hermes.de	o	o	o	+			o				+					+			o	
HUK Coburg	huk.de	-			-			o				o			-					o	+
Ideal	versicherungen.de/ideal	-		+	+	-		+							-						
Iduna-Nova	iduna-nova.de	+		+	o			+					+								
Inter	inter.de	o			-			o				o				+		o			
Leben 1871	lvi1871.de	o			+	-	+	+	o	+				-	+						
LVM	lvm.de	o		o				o							o			o			
Mannheimer	mannheimer.de	+			+	-		o							-						
MLP	mlp.de	o	+		+			o										+	o		
Öff.Leben B.-Brand.	oeffentliche-leben.de	-			+			-							o	o					
Optima	optima.de	-			-			o		-		-				o				o	o
Rheinland	rheinland.com	-			-			o								-				-	

Gesellschaft	URL (http://www.)	allg. UN-Präsentation	Anford. Gesch.bericht	Anford. Broschüren, ...	Präs. Produktangebot	pers. Angebote interakt.	Antragstellung Online	e-mail/Form-Kontakt	Mail-Listen	Gewinnspiele/Incentives	Preisvorteile/Exkl. Produkte	Infos statisch	Infos aktuell	Infos interaktiv	Auswahl AD-Mitarb.	Links konzernintern	Links konzernextern	Personalmarketing	Aktionärsinfos	PR-Infos/-berichte	Feedback-Formular
Provinzial	provinzial.de	o		o	-	+	-	o		o					o	o	o	+			+
Rheinland	rheinland.com	-			-			o								+					
R+V	ruv.de	o	-	o	o			-				-	o	+	-					o	
Signal	signal.de	o			o			-					-		-		+				+
Sparkassen Direkt	sparkassen-direkt.de	o						-		o						+	+				
Sparkassen Stuttgart	sv-stuttgart.de	o						+		o						o	+	-		o	
Süddeutsche Kranken	sdk.de	o		+	+			o				-			+					-	
Sun Direct	sundirect.de	-				-		o							-	+					
Tela	tela-versicherung.de				+			-				o									o
UniVersa	universa.de				+			-				+									
Vereinte Kranken	vereinte.de	+		o	+	-			o			+			-	-				+	
Victoria	victoria.de				+			o				+			o						
Volksfürsorge	volksfuersorge.de	o	+			+		o	o	o		o	o	o				-	o	o	
Württembergische	wuerttembergische.de	-	-			-		o					o	o	-	o		o	o	o	
WWK	wwk.de	-		o	o			-					o			+		-	-		

D. Modellierungsrahmen für Versicherungsunternehmen

In diesem Anhang sind alle Modelle aus den beiden in Kapitel 5 vorgestellten Prozessen noch einmal im Zusammenhang aufgeführt (Abschnitte D.1 und D.2).

In Abschnitt D.3 sind darüberhinaus die Funktionszuordnungsdiagramme dargestellt. Einen Einblick in die Funktionssicht gewähren die Funktionsbäume (Abschnitt D.4).

Die Diagramme in den Abschnitten D.2 und D.3 sind alphabetisch geordnet.

D.1. Hauptprozesse

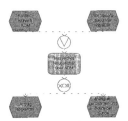

Neugeschäft klassisch (über Außendienstmitarbeiter) — Übersicht

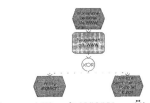

Neugeschäft mit WWW — Übersicht

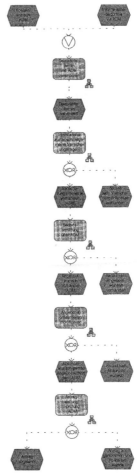

Neugeschäft klassisch (über Außendienstmitarbeiter)

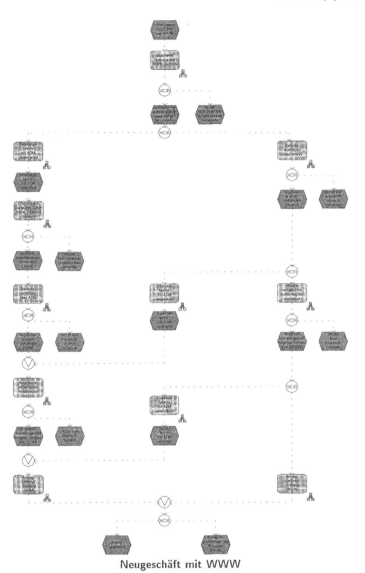

Neugeschäft mit WWW

D.2. Teilprozesse

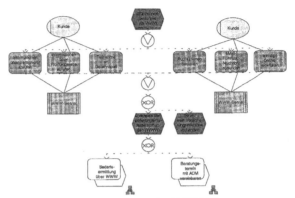

allgemeine Nutzung des WWW-Servers

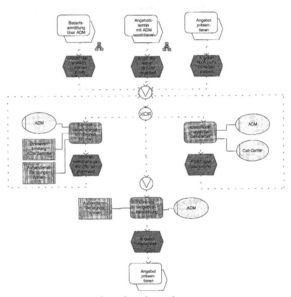

Angebot berechnen

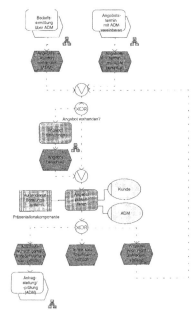

Angebote präsentieren/modifizieren

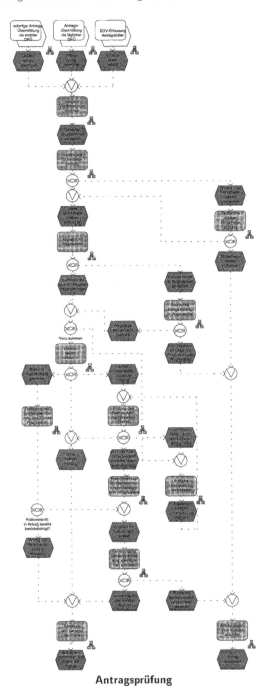

Antragsprüfung

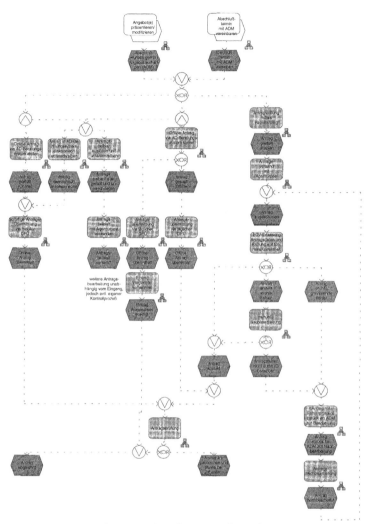

Antragstellung/-prüfung (ADM)

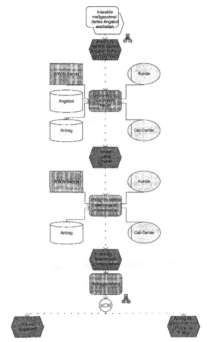

Antragstellung/-prüfung (WWW)

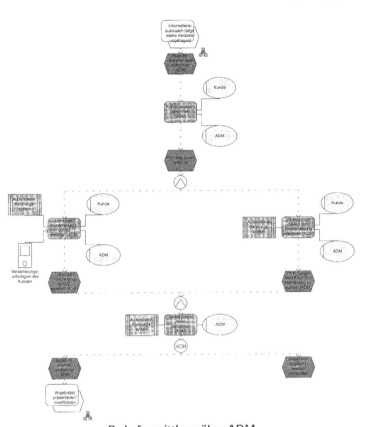

Bedarfsermittlung über ADM

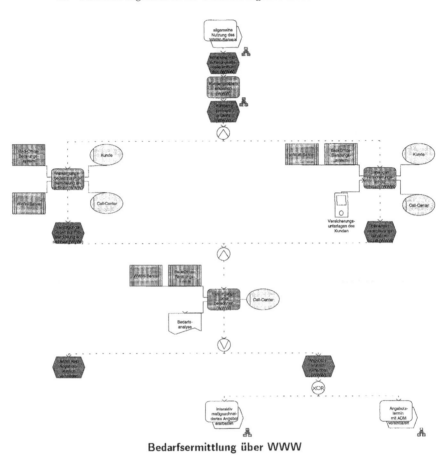

Bedarfsermittlung über WWW

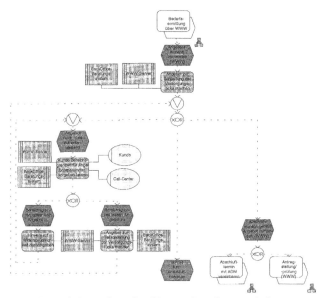

interaktiv maßgeschneidertes Angebot erarbeiten

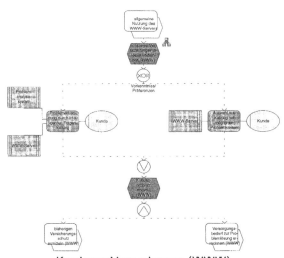

Kundenproblem erkennen (WWW)

157

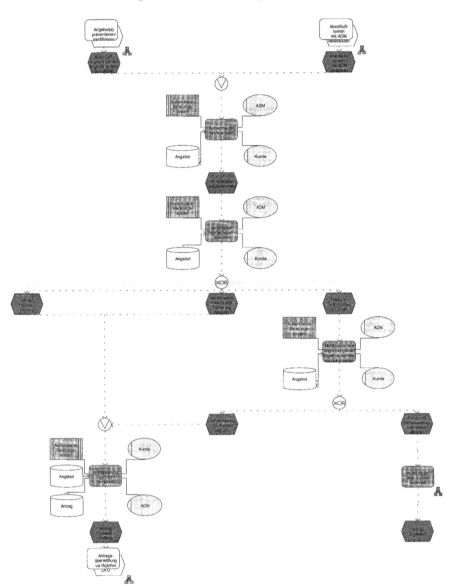

Offline-Antrag via AD-Beratungssystem stellen

D.3. Funktionszuordnungen

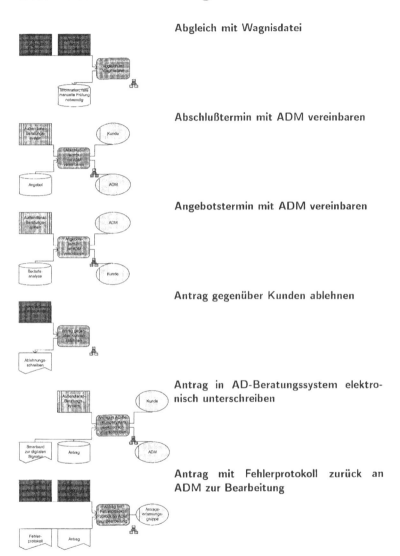

Abgleich mit Wagnisdatei

Abschlußtermin mit ADM vereinbaren

Angebotstermin mit ADM vereinbaren

Antrag gegenüber Kunden ablehnen

Antrag in AD-Beratungssystem elektronisch unterschreiben

Antrag mit Fehlerprotokoll zurück an ADM zur Bearbeitung

159

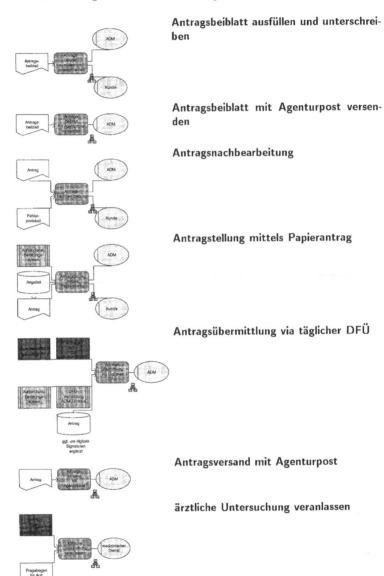

Antragsbeiblatt ausfüllen und unterschreiben

Antragsbeiblatt mit Agenturpost versenden

Antragsnachbearbeitung

Antragstellung mittels Papierantrag

Antragsübermittlung via täglicher DFÜ

Antragsversand mit Agenturpost

ärztliche Untersuchung veranlassen

Beratungstermin mit ADM vereinbaren

EDV-Erfassung Antragsdaten und Prüfung auf formale Korrektheit

Eintrag Wagnisdatei vornehmen

Genehmigung Sondervereinbarung vom Kunden einholen

Gesprächstermin mit ADM vereinbaren

ggf. Rückvers.anteil abgeben, Police erstellen und versenden

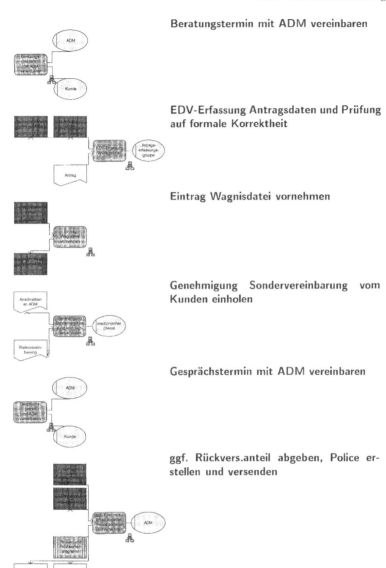

D. *Modellierungsrahmen für Versicherungsunternehmen*

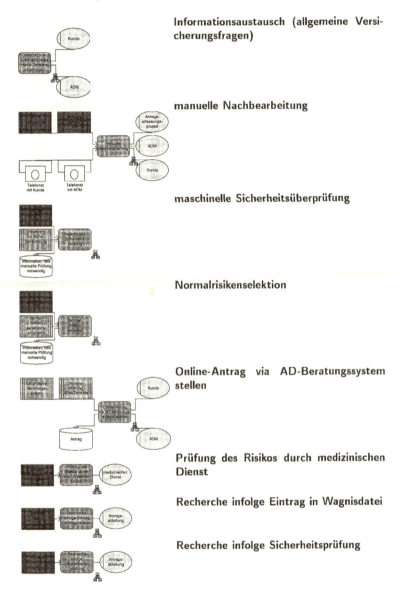

Informationsaustausch (allgemeine Versicherungsfragen)

manuelle Nachbearbeitung

maschinelle Sicherheitsüberprüfung

Normalrisikenselektion

Online-Antrag via AD-Beratungssystem stellen

Prüfung des Risikos durch medizinischen Dienst

Recherche infolge Eintrag in Wagnisdatei

Recherche infolge Sicherheitsprüfung

162

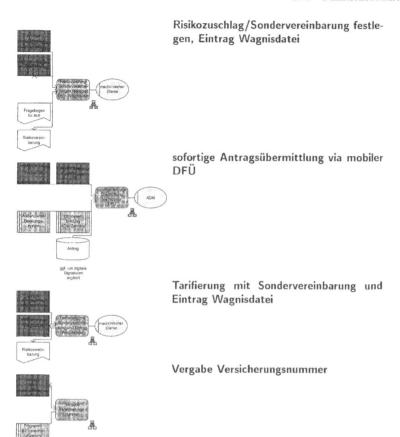

Risikozuschlag/Sondervereinbarung festle-
gen, Eintrag Wagnisdatei

sofortige Antragsübermittlung via mobiler
DFÜ

Tarifierung mit Sondervereinbarung und
Eintrag Wagnisdatei

Vergabe Versicherungsnummer

D.4. Funktionsbäume

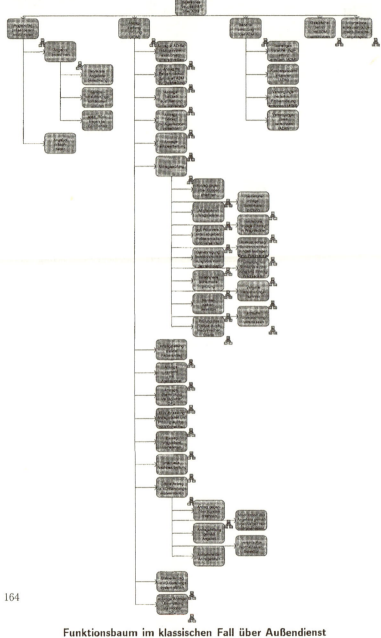

Funktionsbaum im klassischen Fall über Außendienst

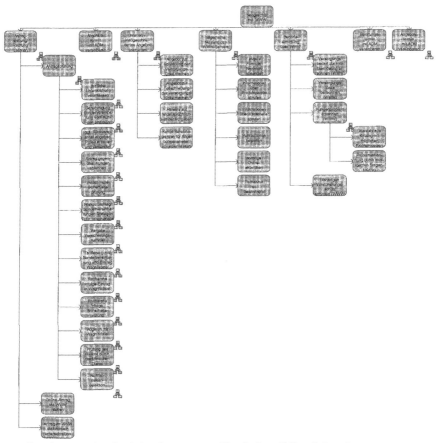

Erweiterung des Funktionsbaums vom klassischen Fall auf den der Initiativanfrage über WWW

D. Modellierungsrahmen für Versicherungsunternehmen

Literaturverzeichnis

[AFP96]   AFP: *Projekt Internet-Börse*. FAZ, 04. April 1996. berichtet wird über die Firma Wit Capital.

[AG97]   AG, DEUTSCHE TELEKOM: *Ende der Couch-Potatoes*. digits 2/97, 2(2):7, 1997.

[AH96]   ALTOBELLI, DR. C.F. und S. HOFFMANN: *Die optimale Online-Werbung für jede Branche: Was Nutzer von Unternehmensauftritten im Internet erwarten. Die erste Analyse zur Online-Werbung für zehn Schlüsselbranchen*. Kommunikations-Kompendium, MGM Media-Gruppe München/SPIEGEL-Verlag, MGM, Medienallee 9, 85774 Unterföhring, Dezember 1996.

[Ald97]   ALDINGER, JÖRG: *Erstellung eines Workflow-Editors*. Diplomarbeit, Institut für Parallele und Verteilte Höchstleistungsrechner (IPVR), Universität Stuttgart, Breitwiesenstr. 20-22, März 1997. URL http://www.informatik.uni-stuttgart.de/ipvr/as/projekte/poliflow/Publications/DA_Aldinger_Joerg.html.

[All97]   ALLIANZ: *Die Nagelprobe*. Allianz Journal, (2):34–35, 1997.

[AM97]   ABECK, PROF. DR. SEBASTIAN und CHRISTIAN MAYERL: *Prozeßbeschreibungen als Basis für einen qualitätsgesicherten Betrieb von vernetzten Arbeitsplätzen*, 1997.

[And94]   ANDERSON CONSULTING: *Delivering value to clients – across the continuum of change*. Annual Report, 1994.

[ano93]   ANONYMOUS: *Take a clean sheet of paper*. The Economist, 327(7809):67–68, May 1 1993.

[Art97]   ARTICON: *Ihr Sicherheitsberater: Risiken im Domain Name Service: "DNS-Spoofing"*, 1997. URL http:www.articon.de/security/dns.html.

[Ber97]   BERBERICH, FRANK: *Internet-Indexen erwächst Konkurrenz durch Of-ferten von Push-Informationen.* ComputerZeitung, (17), 24. April 1997.

[BH93]   BISSANTZ, NICOLAS und JÜRGEN HAGEDORN: *Data Mining (Da-tenmustererkennung).* Wirtschaftsinformatik, 35(5):481–487, Oktober 1993.

[BHJ+96]   BUSSLER, CHRISTOPH, PETRA HEINL, STEFAN JABLONSKI, HANS SCHUSTER und KATRIN STEIN: *Das WWW als Benutzerschnitt-stelle und Basisdienst zur Applikationsintegration für Workflow-Management-Systeme.* In: JEUSFELD, MANFRED A. (Herausge-ber): *Informationsserver für das Internet: Anforderungen, Konzep-te, Methoden.* EMISA - Fachgruppe der GI für Entwicklungsme-thoden für Informationssysteme und deren Anwendung, CEUR, 9. - 11. Oktober 1996. URL http://sunsite.informatik.rwth-aachen.de/Publications/CEUR-WS/Vol-5/bussler-et-al.ps.

[Bir95a]   BIRKELBACH, JÖRG: *Versicherungen gehen ins Internet.* Die Welt, 11. September 1995.

[Bir95b]   BIRKELBACH, JÖRG: *Willkommen auf der Daten-Autobahn.* Versiche-rungsbetriebe, 25(5):18–25, Oktober 1995.

[Bir96]   BIRKELBACH, JÖRG: *Virtuelle Versicherungsmakler.* Versicherungsbe-triebe, 26(5):52–62, Oktober 1996.

[Bir97]   BIRKELBACH, JÖRG: *Schützlink.* c't report: Geld online, (2):170–175, April 1997.

[BLS+95]   BENALOH, JOSH, BUTLER LAMPSON, DANIEL SIMON, TER-ENCE SPIES, and BENNET YEE: *The private communica-tion technology (pct) protocol.* Internet draft, Microsoft Corporation, Redmond, Washington, October 1995. URL http://premium.microsoft.com/isapi/devonly/prodinfo/msdnprod/msdnlib.idc?theURL=/msdn/library/bkgrnd/pct.htm.

[Boo91]   BOOCH, GRADY: *Object-Oriented Design with Applications.* Ben-jamin/Cummings, Redwood City, CA, 1991.

[Boo96]   BOOCH, GRADY: *Konsolidierung der Methoden.* OBJEKTSpektrum, (4):57–60, 1996.

[Bro96]   BROCKHAUS, F.A.: *Brockhaus Enzyklopädie in 30 Bänden.* F.A. Brockhaus, Mannheim, 1986-1996.

[Bro97] BROKAT INFORMATIONSSYSTEM GMBH: *X-PRESSO erhält als erste Java-Software amtliches Hochsicherheitszertifikat*, 02. Juli 1997. URL http://www.brokat.com/cgi/press/press-article.pl?0+00000036.

[Bru97] BRUHN, PROF. DR. MANFRED: *Wirtschaftslexikon*, Kapitel Dienstleistungsmarketing, Seiten 911–921. Betr.wirtschaftl. Verlag Dr. Th. Gabler GmbH, Wiesbaden, 14 Auflage, 1997.

[BS95] BÖHM, MARKUS und WOLFGANG SCHULZE: *Grundlagen von Workflow-Managementsystemen*. Wissenschaftliche Beiträge zur Informatik, 8(2):50–65, 1995. URL http://wwwdb.inf.tu-dresden.de/ www/LS-Dokumente/wfgrundl.ps.gz.

[Bun96] BUNDESREGIERUNG: *Entwurf eines Gesetzes zur Regelung der Rahmenbedingungen für Informations- und Kommunikationsdienste*. Bundesrats-Drucksache 966/96, 20. Dezember 1996. Gesetzestext und Begründung.

[Bun97a] BUNDESREGIERUNG: *Gesetz zur Regelung der Rahmenbedingungen für Informations- und Kommunikationsdienste (Informations- und Kommunikationsdienste-Gesetz - IuKDG)*. Bundestags-Drucksache 13/7934, 13. Juni 1997. Gesetzestext in der Fassung des Beschlusses des Dt. Bundestages vom 13.06.97.

[Bun97b] BUNDESREGIERUNG: *Verordnung zur digitalen Signatur (Signaturverordnung - SigV) - Entwurf*, 07. Juli 1997. URL http://www.telesec.de/sigveror.htm oder http://www.telesec.de/sigv.zip.

[CA97] CORRIGAN, TRACY and JOHN AUTHERS: *Internet use by financial services groups set to soar*. Financial Times, page 18, 6. Juni 1997.

[CLR92] CORMEN, THOMAS H., CHARLES E. LEISERSON, and RONALD L. RIVEST: *Introduction to Algorithms*. MIT Electrical Engineering and Computer Science Series. MIT Press, Cambridge, Massachusetts, 8th printing edition, 1992.

[Con96] CONSULTING TRUST GESELLSCHAFT FÜR STRATEGISCHE BERATUNG MBH: *Multimedia & Strategies*. Studie, Februar 1996. erhältlich zum Preis von 1250 DM (auch auf CD-ROM) unter 02102/447735 (Fax 02102/447740).

[Cor97a]   CORSTEN, HANS: *Management von Geschäftsprozessen: Theoretische Ansätze - Praktische Beispiele*, Kapitel Geschäftsprozeßmanagement - Grundlagen, Elemente und Konzepte, Seiten 9–57. In: [Cor97b], 1997.

[Cor97b]   CORSTEN, HANS (Herausgeber): *Management von Geschäftsprozessen: Theoretische Ansätze - Praktische Beispiele*. W. Kohlhammer GmbH, Stuttgart, 1997.

[Cro97]   CROLLY, HANNELORE: *Ernüchterung in der Internet-Branche*. Die Welt, 29. Mai 1997.

[ct997]   c't Magazin für Computertechnik, (10), Oktober 1997.

[cz997]   *Deutsche Unternehmen schlampern bei der elektronischen Post: IT-Firmen sitzen Mail-Anfragen aus*. ComputerZeitung, 28(34), 21. August 1997.

[DGS95]   DEITERS, W., V. GRUHN und R. STRIEMER: *Der FUNSOFT-Ansatz zum integrierten Geschäftsprozeßmanagement*. Wirtschaftsinformatik, (5):459–466, 1995.

[Dir97]   DIRLEWANGER, WERNER: *Das Data Warehouse*. PIK - Praxis der Informationsverarbeitung und Kommunikation, 20(2):111–113, April-Juni 1997.

[DS96]   DEUTSCH, MARKUS und GREGOR SCHWAKE: *Electronic Data Interchange und das Internet: Zwei Welten*. iX, (8):135–137, August 1996.

[EGL96]   EDER, JOHANN, HERBERT GROISS und WALTER LIEBHART: *Workflow-Systeme im WWW*. URL http://www.ifi.uni-klu.ac.at/, 1996. Beitrag zum ADV-Kongreß, Wien.

[EIT96]   *Secure http*. Technical report, Enterprise Integration Technologies, http://www.eit.com/creations/s-http/, 1996.

[EKO96]   ELGASS, PETRA, HELMUT KRCMAR und ANDREAS OBERWEIS: *Geschäftsprozeßmodellierung und Workflow-Management: Modelle, Methoden, Werkzeuge*, Kapitel Von der informalen zur formalen Geschäftsprozeßmodellierung, Seiten 125–139. In: VOSSEN, GOTTFRIED und JÖRG BECKER [VB96a], 1 Auflage, 1996.

[Ell95]   ELLERMANN,   UWE: *Firewalls   –   Klassifikation und Bewertung*.   Workshop-Beitrag,   DFN-CERT, http://www.cert.dfn.de/team/ue/fw/workshop/workshop.html, 1995. Auch veröffentlicht als DFN-Bericht Nr.75.

[Erf93] ERFAHRUNGSGRUPPE 22: *Electronic Insuring*. Ausarbeitung, Ausschuß für Betriebstechnik des Gesamtverbandes deutscher Lebensversicherer, 27. August 1993.

[Fab97] FABICH, CARSTEN: *Webfernsprecher: Telefonieren per Internet*. In: *c't Magazin für Computertechnik* [ct997], Seiten 220–225.

[FAZ96] *Internet-Surfer im Durchschnitt 29 Jahre*. FAZ, Seite 29, 13. März 1996.

[FAZ97a] FAZ: *Deutschlands größte Unternehmen in Zahlen*. Frankfurter Allgemeine Zeitung, Seite B2, 08. Juli 1997. Hier interessiert nur die Tabelle „Versicherungsunternehmen nach Beitragseinnahmen".

[FAZ97b] FAZ: *Multimediagesetz kann in Kraft treten*. FAZ, 05. Juli 1997.

[Feh96] FEHR, BENEDIKT: *IBM will im Herbst ein „Einkaufszentrum" im Internet starten*. FAZ, (136), 14. Juni 1996. World Avenue hat(te) die Adresse http://mer.shop.ibm.com/.

[Feh97] FEHR, BENEDIKT: *Amerika erlaubt stärkere Verschlüsselungs-Software*. Frankfurter Allgemeine Zeitung, 26. Juni 1997.

[For97] FOREMSKI, TOM: *A better way to stay in touch*. Doing financial business online, pages 28–29, 1997.

[Fot97] FOTH, EGMONT: *Software-Tools im Vertrieb*. PIK – Praxis der Informationsverarbeitung und Kommunikation, 20(1):26–36, Januar–März 1997.

[FS93] FERSTL, K. und ELMAR J. SINZ: *Geschäftsprozeßmodellierung*. Wirtschaftsinformatik, 35(6):589–592, 1993. Rubrik WI-Schlagwort.

[FS95] FERSTL, OTTO K. und ELMAR J. SINZ: *Der Ansatz des Semantischen Objektmodells (SOM) zur Modellierung von Geschäftsprozessen*. Wirschaftsinformatik, 37(3):209–220, Juli 1995.

[FS96] FERSTL, OTTO K. und ELMAR J. SINZ: *Geschäftsprozeßmodellierung und Workflow-Management: Modelle, Methoden, Werkzeuge*, Kapitel Geschäftsprozeßmodellierung im Rahmen des Semantischen Objektmodells, Seiten 47-61. In: VOSSEN, GOTTFRIED und JÖRG BECKER [VB96a], 1 Auflage, 1996.

[GDV97a] *Versicherungen für Selbständige: Mehr Sicherheit für Betriebe und Freiberufler*, März 1997.

[GDV97b] GDV - GESAMTVERBAND DER DEUTSCHEN VERSICHERUNGSWIRT-
SCHAFT E.V.: *Stellungnahme zu dem Entwurf der Bundesregierung für
ein „Gesetz zur Regelung der Rahmenbedingungen für Informations-
und Kommunikationsdienste - Informations- und Kommunikations-
dienstegesetz (IuKDG) vom 20. Dezember 1996 (BR-Drs. 996/96)".*
1997.

[Ges96] *Versicherungen im Internet: Bestandsaufnahme – Bewertung – Chancen.* Studie, Peter Gessner & Partner GmbH, Karlsruher Str. 3, 70771
Leinfelden–Echterdingen, 1996. soll halbjährlich erscheinen.

[GHS95] GALLER, J., J. HAGEMEYER und A.-W. SCHEER: *ContAct:
Ein Koordinationssystem für verteilte Modellierungsaktivitäten.* In:
AUGSBURGER, W., H. LUDWIG und K. SCHWAB (Herausge-
ber): *Koordinationsmethoden und -werkzeuge bei der computergestütz-
ten kooperativen Arbeit*, Nummer 30 in *Bamberger Beiträge zur
Wirtschaftsinformatik*, Bamberg, 1995. URL http://www.iwi.uni-
sb.de/research/contact/cont_3in.html.

[Glu97] GLUCHOWSKI, PETER: *Das aktuelle Schlagwort: Data Warehouse.*
Informatik–Spektrum, 20(1):48–49, Februar 1997.

[Gra96] GRAMLICH, PETER: *Elektronischer Handel im Internet.* Studienarbeit,
Institut für Telematik, Fakultät für Informatik, Universität Karlsruhe,
1996.

[Gri96] GRIESE, JOACHIM: *Internet-Nutzung für Unternehmen.* Praxis der
Informationsverarbeitung und Kommunikation (PIK), 19(2):79–83,
April-June 1996.

[GS95] GALLER, J. und A.-W. SCHEER: *Workflow-Projekte: Vom
Geschäftsprozeßmodell zur unternehmensspezifischen Workflow-
Anwendung.* Information Management (IM), 10(1):20–28, 1995. URL
http://www.iwi.uni-sb.de/research/contact/cont_4in.html.

[GSP95] GALLER, J., A.-W. SCHEER und S. PETER: *Workflow-Projekte: Erfahrungen aus Fallstudien und Vorgehensmodell.* IWI-Hefte 117, Instituts für Wirtschaftsinformatik, Universität des Saarlandes, Postfach 15
11 50, 66041 Saarbrücken, September 1995. URL http://www.iwi.uni-
sb.de/public/iwi-hefte/heft117.ps.

[GW96] GREENWOOD, R. MARK and BRIAN WARBOYS: *Processweb
- process support for the world wide web*, 1996. URL
ftp://ftp.cs.man.ac.uk/pub/ipg/wg96.ps.Z.

[HB96] HESS, THOMAS und LEO BRECHT: *State of the art des Business process redesign: Darstellung und Vergleich bestehender Methoden.* Gabler, Wiesbaden, 2 Auflage, 1996.

[HC94] HAMMER, MICHAEL and JAMES CHAMPY: *Reengineering the Corporation - A Manifest for Business Revolution.* Harper Business, New York, 1 edition, 1994.

[Hei97] HEINRICH, WILFRIED: *Im Workflow-Warenkorb liegen auch faule Eier.* ComputerZeitung, (31):17, 31.Juli 1997.

[HGH96] HOUSER, W., J. GRIFFIN, and C. HAGE: *Edi meets the internet: Frequently asked questions about electronic data interchange (edi) on the internet.* RFC 1865, Internet Architecture Board (IAB), Januar 1996. available via FTP as ftp://ds.internic.net/rfc/rfc1865.txt.

[HNC95] HOFFMAN, DONNA L, THOMAS P. NOVAK, and PATRALI CHATTERJEE: *Commercial scenarios for the web: Opportunities and challenges.* Journal of Computer-Mediated Communication (JCMC), 1(3), Dec 1995. http://shum.huji.ac.il/jcmc/vol1/issue3/hoffman.html.

[Ho97] HO, JAMES: *Evaluating the world wide web: A global study of commercial sites.* Journal of Computer-Mediated Communication (JCMC), 3(1), Jun 1997. http://jcmc.mscc.huji.ac.il/vol3/issue1/ho.html.

[Hof96] HOFER, CHRISTIAN: *Rundschreiben ADE!* Versicherungsbetriebe, 26(6):8–12, Dezember 1996.

[Hoh97] HOHENTHAL, CARL GRAF: *Der Bundestag verabschiedet das Multimedia-Gesetz.* Frankfurter Allgemeine Zeitung, 14. Juni 1997.

[Hol94] HOLLINGSWORTH, DAVID: *Workflow management coalition — the workflow reference model.* Specification TC00-1003 Issue 1.1, Workflow Management Coalition, Avenue Marcel Thiry 204, 1200 Brussels, Belgium, 29. November 1994. URL ftp://ftp.aiai.ed.ac.uk/pub/projects/WfMC/refmodel/rmv1-16.pdf.

[HP97] HUBER, HEINRICH und AXEL POESTGES: *Management von Geschäftsprozessen: Theoretische Ansätze - Praktische Beispiele*, Kapitel Geschäftsprozeßmanagement - Prinzipien und Werkzeuge für ein erfolgreiches Gestalten von Geschäftsprozessen, Seiten 73–93. In: CORSTEN, HANS [Cor97b], 1997.

[HS95]   HAMMER, MICHAEL and STEVEN STANTON: *The Reengineering Revolution: A Handbook*. Harper Collins, New York, 1995.

[HSW96]   HOLTEN, ROLAND, RÜDIGER STRIEMER und MATHIAS WESKE: *Darstellung und Vergleich von Vorgehensmodellen zur Entwicklung von Workflow-Anwendungen*. ISST-Berichte 34, Fraunhofer-Institut für Software- und Systemtechnik, Dortmund, 1996. URL http://www.isst.fhg.de/pages/veroeffentlichungen/abteilungen/pm/isstb34.ps.

[HSW97]   HOLTEN, ROLAND, RÜDIGER STRIEMER und MATHIAS WESKE: *Vorgehensmodelle zur Entwicklung von Workflow-Anwendungen - Eine vergleichende Darstellung*. Arbeitsbericht 57, Institut für Wirtschaftsinformatik, Universität Münster, Münster, 10. April 1997. URL http://wwwmath.uni-muenster.de/math/inst/info/u/dbis/Weske/Papers/fb-wi97.ps.gz, also accepted for Software Management '97, München, Oktober '97.

[Hüs96]   HÜSKES, RALF: *Der Einkaufsbummel per Online-Dienst stößt noch nicht auf allzu viel Zuspruch*. ComputerZeitung, (4):8, 25. Januar 1996.

[Hüs97]   HÜSKES, RALF: *Vorentscheidung: Netscape Communicator gegen Microsoft Internet Explorer 4.0*. c't - Magazin für Computertechnik, (6):176–179, Juni 1997. http://www.heise.de/ct/Artikel/97/06/176.HTM.

[IDS97]   IDS PROF. SCHEER GMBH, Saarbrücken: *ARIS Easy Design: ARIS Methode*, September 1997. Version 1.0.

[Jab95a]   JABLONSKI, STEFAN: *Workflow-Management-Systeme: Modellierung und Architektur*. Nummer9 in *Thomson's Aktuelle Tutorien*. International Thomson Publishing, Bonn, 1 Auflage, 1995.

[Jab95b]   JABLONSKI, STEFAN: *Workflow-Management-Systeme: Motivation, Modellierung, Architektur*. Informatik–Spektrum, 18(1):13–24, Februar 1995.

[Jan96a]   JANIK, JÜRGEN: *EDI, Edifact und Internet: Geschäftsprozesse beschleunigen*. Business Online, (1):48–51, 1996.

[Jan96b]   JANIK, JÜRGEN: *Erste Standards für den Austausch von EDI-Nachrichten via Internet definiert*. CZ, 27(13), 28. März 1996.

[Jan96c]   JANIK, JÜRGEN: *Internet-Infos aus dem Farbfernseher*. CZ, 27(31):8, 01. August 1996.

[JCJO92]   JACOBSON, IVAR, MAGNUS CHRISTERSON, PATRIK JONSSON, and GUNNAR ÖVERGAARD: *Object-Oriented Software Engineering: A Use Case Driven Approach*. Addison-Wesley, Wokingham, 1992.

[JH97] JH: *Elektronische Post: Langes Warten auf Antwort.* Wirtschaftswoche, (34), 14. August 1997.

[JP96] JOHNSON, DAVID B. and C. PERKINS: *Mobility support in ipv6.* Internet draft, IETF, May 1996. http://src.doc.ic.ac.uk/computing/internet/internet-drafts/draft-ietf-mobileip-ipv6-01.txt.Z.

[Kal95] KALT, HELGA GABRIELE: *Jedes zehnte deutsche Unternehmen nutzt Online-Dienste.* FAZ, 26. November 1995.

[Kap97] KAPS, CAROLA: *Microsoft erwirbt Web TV als Zugang zum Internet.* Frankfurter Allgemeine Zeitung, Seite 21, 8. April 1997.

[Kel97] KELM, STEFAN: *Aufbau und Gültigkeit von Zertifizierungsinstanzen: Herrschende Richtlinien.* iX - Magazin für professionelle Informationstechnik, (4):146-149, April 1997. URL http://www.heise.de/ix/artikel/1997/04/146/.

[Kes97] KESBERG, HARALD: *Digitale Signaturen werden Realität.* FAZ - Verlagsbeilage Kommunikation & Medien, (197):B8, 26. August 1997.

[Klu95] KLUTE, RAINER: *Sicherheit im World Wide Web: Verschlußsache.* iX Multiuser Multitasking Magazin, (12):132-145, Dezember 1995. URL http://www.heise.de/ix/9512132/default.html.

[Kro92] KROL, ED: *The Whole Internet – User's Guide & Catalog.* O'Reilly, 1 edition, Dezember 1992. ISBN 1-56592-025-2, Das Buch ist inzwischen auch in deutscher Übersetzung erschienen.

[Krü94] KRÜGER, WILFRIED: *Organisation der Unternehmung.* Lehrbuchreihe Betriebswirtschaft. W. Kohlhammer GmbH, Stuttgart, 3 Auflage, 1994.

[KSZ97] KRCMAR, HELMUT, BETTINA SCHWARZER und STEFAN ZERBE: *Management von Geschäftsprozessen: Theoretische Ansätze - Praktische Beispiele,* Kapitel Innovativer Werkzeugeinsatz zur Unterstützung prozeßorientierter Organisationen - Einsatz der IT zur Einführung prozeßorientierter Standardsoftware und zur Unterstützung flexibler Workflows, Seiten 153-193. In: CORSTEN, HANS [Cor97b], 1997.

[Küh94] KÜHLECHNER: *Prozeßmanagement: Konzepte, Umsetzungen und Erfahrungen des Reengineering,* Kapitel Visionen als Katalysator, Seiten 245-274. Carl Hanser, Wien, 1994.

[Kun97] KUNZE, AXEL: *Know-how zu Streaming-Video-Servern: Digitales Daumenkino.* iX Magazin für professionelle Informationstechnik, (10):142-148, Oktober 1997.

Literaturverzeichnis

[KV97]   KOCH, MICHAEL und THOMAS VOGEL: *Management von Geschäftsprozes-sen: Theoretische Ansätze - Praktische Beispiele*, Kapitel Von der Vertikalen in die Horizontale - Ein Leitfaden zur prozeßorientierten Organisationsent-wicklung, Seiten 59–71. In: CORSTEN, HANS [Cor97b], 1997.

[LKK93]   LOCKEMANN, PETER, GERHARD KRÜGER und HEIKO KRUMM: *Telekom-munikation und Datenhaltung*. Carl Hanser, München Wien, 1 Auflage, 1993. unter Mitwirkung von Klaus Radermacher und Alexander Schill.

[LKSS96]   LOOS, P., O. KRIER, P. SCHIMMEL und A.-W. SCHEER: *WWW-gestütz-te überbetriebliche Logistik: Konzeption des Prototyps WODAN zur un-ternehmensübergreifenden Kopplung von Beschaffungs- und Vertriebssyste-men*. IWI-Hefte Heft 126, Institut für Wirtschaftsinformatik (IWI), Univer-sität des Saarlandes, Postfach 151150, D-66041 Saarbrücken, Februar 1996. http://www.iwi.uni-sb.de/public/iwi-hefte/heft_126.ps.

[Loc95]   LOCKEMANN, PROF. PETER: *Transaktionsverwaltung*. Skriptum zur Vorle-sung, Sommersemester 1995. Fakultät für Informatik, Universität Karlsruhe.

[LSW97]   LANGNER, PETER, CHRISTOPH SCHNEIDER und JOACHIM WEHLER: *Pro-zeßmodellierung mit ereignisgesteuerten Prozeßketten (EPKs) und Petri-Netzen*. Wirtschaftsinformatik, 39(5):479–489, Oktober 1997.

[Mah97]   MAHLER, GERHARD: *Der Aktienhandel via Internet ist für die Banken ein wichtiger Wettbewerbsfaktor*. ComputerZeitung, (25), 19. Juni 1997.

[Man89]   MANBER, UDI: *Introduction to Algorithms – A Creative Approach*. Addison-Wesley, Reading, Massachusetts, 1989.

[Mat97]   MATZER, MICHAEL: *E-Commerce eröffnet gute Marktchancen für eu-ropäische Verschlüsselungssoftware: Außeramerikanische Firmen profitieren noch immer vom US-Waffenexportgesetz*. ComputerZeitung, (21):10, 22. Mai 1997.

[MCI95]   MCI: *MC Online-Monitor*. Studie, MC Informationssysteme Beratungs-GmbH, Saalburgstr. 155, 61350 Bad Homburg v.d.H., Dezember 1995.

[MGD97]   MANNINGER, MARTIN, KARL M. GÖSCHKA und DIETMAR DIETRICH: *Die Smart Card im Internet: Internet-Kommerz und die Verbesserung der Si-cherheit durch die Smart Card*. PIK - Praxis der Informationsverarbeitung und Kommunikation, 20(3):148–154, Juli-September 1997.

[MHR96]   MUKSCH, HARRY, JAN HOLTHUIS und MARCUS REISER: *Das Data Warehouse-Konzept – Ein Überblick*. Wirtschaftsinformatik, 38(4):421–433, Juni 1996.

176

[MK96]   MUSCIANO, CHUCK and BILL KENNEDY: *HTML: The Definitive Guide.*
           Nutshell Handbooks. O'Reilly & Associates, Sebastopol, updated from 1st
           edition edition, July 1996. covers HTML 3.2.

[Mor97]   MORAN, NUALA: *Role reversal in the electronic bazaar.* Doing financial
           business on-line, page 27, 1997. supplement of Financial Times in association
           with the internet magazin .net.

[MPS+97]   MILLER, JOHN A., DEVANAND PALANISWAMI, AMIT P. SHETH, KRYS J.
           KOCHUT, and HARVINDER SINGH: *Webwork: meteor$_2$'s web-based workflow
           management system.* Technical Report UGA-CS-TR-97-002, Department of
           Computer Science, University of Georgia, Mar 1997.

[MSKP97]   MILLER, JOHN A., AMIT P. SHETH, KRYS J. KOCHUT, and DEVANAND
           PALANISWAMI: *The future of web-based workflows.* Technical report,
           Dept.   of Computer Sciences, University of Georgia, 1997.   URL
           http://lsdis.cs.uga.edu/noch.raussuchen.

[MW97]   MRAZ, VIKTOR und KLAUS WEIDNER: *Falsch verbunden: Gefahr durch
           DNS-Spoofing.* c't - Magazin für Computertechnik, (10):286-290, Oktober
           1997.

[Nai97]   NAIRN, GEOFFREY: *Insurance agents need reassurance.* Doing financial
           business on-line, page 11, 1997. supplement of Financial Times in association
           with the internet magazin .net.

[Nei96]   NEIDHART, THILO: *Online-Marketing wird für die Firmen zum Muß.* CZ,
           (11):29, 14. März 1996.

[Nem97]   NEMECEK, MARTIN: *Asymetrische On-Chip-Sicherheitsalgorithmen lassen
           Hacker nicht zum Zug kommen: Digitale Unterschrift und Kryptosysteme
           wiegen die Smart Card in Sicherheit.* ComputerZeitung, (38):16, 18. Sep-
           tember 1997.

[Net97]   *The ssl protocol.*   Technical report, Netscape Communications Corp.,
           http://home.netscape.com/newsref/std/SSL.html, 1997.

[Ngu94]   NGUYEN, HUY: *Business reengineering: Competitive decisions for the
           1990's,* fall 1994.   I've got the paper directly from the author, a Win-
           Word version is available via Internet: http://gwis2.circ.gwu.edu/ hn-
           guyen/bre.htm (link untested).

[ohn96]   OHNE AUTOR: *Die Akzeptanz von Online-Medien.* Versicherungsbetriebe,
           26(5):66–67, Oktober 1996.

[ohn97a] OHNE AUTOR: *Einheitliches Erscheinungsbild – Studie: Nutzung des Internet in Versicherungen.* Versicherungsbetriebe, 27(5):26–27, Oktober 1997. Studie für 300 DM bei Software Union Syseca (Aachen) erhältlich.

[ohn97b] OHNE AUTOR: *Europa verschläft Internet-Auftritt.* ComputerZeitung, 28(24), 12. Juni 1997.

[ohn97c] OHNE AUTOR: *Insure-Commerce.* Versicherungsbetriebe, 27(2):64, Mai 1997.

[ohn97d] OHNE AUTOR: *Schlußverkauf auf der World Avenue.* ComputerZeitung, 28(25):1, 19. Juni 1997.

[ohn97e] OHNE AUTOR: *Versicherungen - Sicher ins Web.* ComputerZeitung, (19), 09. Mai 1997.

[ohn97f] OHNE AUTOR: *Zielgruppenorientiertes Marketinginstrument.* Versicherungsbetriebe, 27(2):4, Mai 1997.

[PC95] POH, HEAN LEE and WAN WAN CHEW: *Business process reengineering: Definitions and models revisited,* Dezember 1995. Dept. of Information Systems & Computer Science, National University of Singapore.

[Per96a] PERKINS, C.: *Ip encapsulation within ip.* Internet draft, IETF, May 1996. http://src.doc.ic.ac.uk/computing/internet/internet-drafts/draft-ietf-mobileip-ip4inip4-03.txt.Z.

[Per96b] PERKINS, C.: *Ip mobility support.* Internet draft, IETF, May 1996. http://src.doc.ic.ac.uk/computing/internet/internet-drafts/draft-ietf-mobileip-protocol-17.txt.Z.

[Per96c] PERKINS, C.: *Minimal encapsulation within ip.* Internet draft, IETF, May 1996. http://src.doc.ic.ac.uk/computing/internet/internet-drafts/draft-ietf-mobileip-minenc-02.txt.Z.

[Pso97] PSOTTA, MICHAEL: *Internet 2000: Der erste Internet-Börsengang.* Frankfurter Allgemeine Zeitung, Seite 32, 27. Mai 1997.

[Pus86] PUSCHMANN, KARL-HEINZ: *Praxis des VersicherungsMarketing.* Verlag Versicherungswissenschaft e.V., Karlsruhe, 1986.

[Raa96] RAAKE, STEFAN: *Policen aus dem Internet — Verlockungen fürs Marketing.* Business Computing Spezial, (2):18 – 20, 1996. Der Autor ist Consultant der itm - Ideas to market GmbH.

[Ran96] RANTZAU, RALF: *Betriebswirtschaftliche Motivation für Workflow-Management-Systeme.* Technischer Bericht Institut für parallele und verteilte Höchstleistungsrechner (IPVR), Universität Stuttgart, Breitwiesenstr.

20-22, D-70565 Stuttgart, Februar 1996. URL http://www.informatik.uni-stuttgart.de/ipvr/as/lehre/hauptseminar/WFMS95/HSbpr.ps.gz.

[Rat97]   RATIONAL SOFTWARE CORP.: *Visual modelling — a blueprint for success.* Multimedia-CDRom, 1997. UML — explained by Grady Booch, Jim Rumbaugh and Ivar Jacobson.

[RB96]   ROEMER, MARK und HANS ULRICH BUHL: *Das World Wide Web als Alternative zur Bankfiliale: Gestaltung innovativer IKS für das Direktbanking.* Wirtschaftsinformatik, 38(6):565–577, Dezember 1996.

[RBP⁺91]   RUMBAUGH, JAMES, MICHAEL BLAHA, WILLIAM PREMERLANI, FREDERICK EDDY, and WILLIAM LORENSEN: *Object-Oriented Modelling and Design.* Prentice-Hall, Englewood Cliffs, NJ, 1991.

[Rei96]   REIBEL, JÖRG: *Außendienstler und Versicherungsmakler fürchten sich vor Umsatzeinbußen.* CZ, (28):33, 11. Juli 1996.

[RF95]   ROBERTS, BOB and GREGG FLIGHT: *The enabling role of edi in business re-engineering,* Last Update 18. März 1995. URL http://infosys.kingston.ac.uk/isschool/Staff/Papers/Roberts/EDI_BPR.html.

[Riv92]   RIVEST, R.L.: *The md5 message-digest algorithm,* April 1992. RFC 1320.

[Roß97a]   ROSSNAGEL, ALEXANDER: *Kritische Anmerkungen zum Entwurf eines Signaturgesetzes,* 12. Februar 1997. URL http://www.hrz.uni-kassel.de/fb6/oeff_recht/publikationen/kritanmerkung.html.

[Roß97b]   ROSSNAGEL, PROF. DR. ALEXANDER: *Stellungnahme zum Gesetz über die digitale Signatur,* 02. Mai 1997. URL http://www.hrz.uni-kassel.de/fb6/oeff_recht/publikationen/stellungnahme_digitalesignatur.html.

[RS96]   ROSENTHAL, FRANK und MATTHIAS SCHUMANN: *Aktivitäten deutschsprachiger Versicherungen im Internet.* Wirtschaftsinformatik, 38(5):535–540, 1996. Rubrik WI–Für Sie gesurft.

[RSA78]   RIVEST, R.J., A. SHAMIR, and L. ADLEMAN: *On a method for obtaining digital signatures and public key cryptosystems.* Communications of the ACM, 21:120–126, Februar 1978.

[Rue97]   RUETTGERS, DR. JÜRGEN: *Einbringung des IuKDG in den Deutschen Bundestag,* 18. April 1997. URL http://www.iid.de/rahmen/rede130697.html.

[Sch82]   SCHMIDT, PROF. DR. REIMER: *Versicherungsalphabet.* Verlag Versicherungswirtschaft, Karlsruhe, 6 Auflage, 1982.

[Sch92]   SCHEER, AUGUST-WILHELM: *Architektur integrierter Informationssysteme: Grundlagen der Unternehmensmodellierung.* Springer, 2 Auflage, 1992.

[Sch95a]   SCHNEIDER, GERHARD: *Eine Einführung in das Internet.* Informatik Spektrum, 18(5):263–271, Oktober 1995.

[Sch95b]   SCHREYJAK, STEFAN: *Anforderungsanalyse von Workflowsystemen.* Diplomarbeit, Institut für parallele und verteilte Höchstleistungsrechner (IPVR), Universität Stuttgart, Breitwiesenstr. 20-22, D-70565 Stuttgart, Mai 1995. URL http://www.informatik.uni-stuttgart.de/ipvr/as/projekte/poliflow/Publications/DA_Schreyjak _Stefan.html.

[Sch96a]   SCHEER, AUGUST-WILHELM: *Industrialisierung der Dienstleistungen.* Technischer BerichtHeft 122, Institut für Wirtschaftsinformatik (IWi) an der Universität des Saarlandes, Im Stadtwald, 66123 Saarbrücken, Februar 1996.

[Sch96b]   SCHMIED, KERSTIN: *Kunden binden - Internet als Schlüssel?* Versicherungsbetriebe, 26(6):48–50, Dezember 1996.

[Sch97a]   SCHMIDT, BORIS: *Homebanking übers Internet: Etliche Kreditinstitute bieten diesen Service / Twister-Software von Brokat.* FAZ, 12. August 1997.

[Sch97b]   SCHMIDT, MICHAEL: *Zertifizierungsstellen und digitale Unterschriften: Starke Authentisierung als wichtige Ergänzung zu Firewalls und starker Verschlüsselung.* Allianz-Lebensversicherung AG (unveröffentlicht), 29. August 1997.

[Sch97c]   SCHMITZ, ULRICH: *Digitale Signatur wird in der praktischen Umsetzung mit Zwischenlösungen leben.* ComputerZeitung, (38), 18. September 1997.

[Sch97d]   SCHWARTZ, SUSANA: *Internet visionaries.* Insurance & Technology, pages 30–34, Februar 1997. eMail der Autorin: sschwartzmfi.com.

[She95]   SHELVER, BRIAN K.: *Reengineering: A customer-driven approach to process innovation,* 1995. URL http://www.cranfield.ac.uk/public/mn/mr940715/bs/bs12208.htm.

[Sie95]   SIEBERT, REINER: *Modellierung und Beschreibung anpassungsfähiger Workflows.* Interner Bericht, Institut für Parallele und Verteilte Höchstleistungsrechner, Universität Stuttgart, Breitwiesenstr. 20-22, D-70565 Stuttgart, Juni 1995. URL http://www.informatik.uni-stuttgart.de/ipvr/as/publikationen/poliflow_aws1.html.

[Sla96]   SLAGHUIS, HOLGER: *Der direkte Übergang von BPR zum Workflow mit LEU.* Nummer47, Seiten 57–65, Münster, 10. April 1996.

[SM96]   SAUTER, CHRISTIAN und OTHMAR MORGER: *Die Workflow Manage-*
            ment Coalition. Wirtschaftsinformatik, 38(2):228–229, 1996. Rubrik WI–
            Schlagwort.

[Ste97a]   STEIN, LINCOLN D.: *The world wide web security faq - q26: What are: Ssl,*
            shttp, shen? Technical report, Whitehead Institute for Biomedical Research,
            http://www.genome.wi.mit.edu/WWW/faqs/wwwsf3.html#Q26, 1997.

[Ste97b]   STEIN, LINCOLN D.:   *The world wide web security faq -*
            q57:   How   secure   is   the   encryption   used   by   ssl?   Tech-
            nical   report,   Whitehead   Institute   for   Biomedical   Research,
            http://www.genome.wi.mit.edu/WWW/faqs/wwwsf7.html#Q57, 1997.

[Stu96]   STURBECK, WERNER: *Consulting Trust: Zeitungen verschlafen den Einstieg*
            in Multimedia. FAZ, (48):16, 26. Februar 1996.

[Tan96]   TANNENBAUM, ANDREW S.: *Computer Networks.* Prentice-Hall, 3 edition,
            1996. International Edition.

[Tat97]   TATE,   AUSTIN: *Wfmc - coalition overview,* 1997.   URL
            http://www.aiai.ed.ac.uk/project/wfmc/overview.html.

[Tay97]   TAYLOR, PAUL: *Changing the face of finance.* Doing financial business on-
            line, pages 4–5, 1997. supplement of Financial Times in association with
            the internet magazin .net.

[Tel97]   TELETRUST: *Enquete-Kommission des Deutschen Bundestages 'Zukunft der*
            Medien in Wirtschaft und Gesellschaft - Deutschlands Weg in die Informa-
            tionsgesellschaft' Öffentliche Anhörung zm 12. Mai 1997 & Deutscher Bun-
            destag, Ausschuß für Bildung, Wissenschaft, Forschung, Technologie und
            Technikfolgenabschätzung; Öffentliche Anhörung am 14. Mai 1997 zum Ent-
            wurf des IuKDG - Artikel III (Signaturgesetz): Standpunkte zu ausgewählten
            Fragen, 14. Mai 1997. URL http://www.teletrust.de/Enquete.html.

[Tew97]   TEWS, HOLGER: *Internet – Technik und Dienste.* Deutsche Telekom – Un-
            terrichtsblätter, 50(2 und 3):82–91 bzw. 176–189, 10. März 1997.

[Tho95]   THOMAS, KLAUS: *Hohe Ziele, schnelle Katalysatoren.* Business Computing,
            (12):20–22, Dezember 1995.

[UML97a]   RATIONAL SOFTWARE CORP, 2800 San Tomas Expressway, Santa Clara,
            CA 95051-0951: *Unified Modeling Language (UML): Process-Specific Exten-*
            sions, 13. Januar 1997. Version 1.0.

[UML97b]   RATIONAL SOFTWARE CORP, 2800 San Tomas Expressway, Santa Clara, CA
            95051-0951: *Unified Modelling Language: UML Notation Guide,* 13. Januar
            1997. Version 1.0.

[UML97c]   RATIONAL SOFTWARE CORP, 2800 San Tomas Expressway, Santa Clara, CA 95051-0951: *Unified Modelling Language: UML Semantics*, 13. Januar 1997. Version 1.0.

[VB96a]   VOSSEN, GOTTFRIED und JÖRG BECKER (Herausgeber): *Geschäftsprozeßmodellierung und Workflow-Management: Modelle, Methoden, Werkzeuge*. Internat. Thomson Publishing, Bonn, 1 Auflage, 1996.

[VB96b]   VOSSEN, GOTTFRIED und JÖRG BECKER: *Geschäftsprozeßmodellierung und Workflow-Management: Modelle, Methoden, Werkzeuge*, Kapitel Geschäftsprozeßmodellierung und Workflow-Management: Eine Einführung, Seiten 17–26. In: [VB96a], 1 Auflage, 1996.

[Vil97]   VILL, ANDREAS: *Was muß, soll, kann und darf?* Versicherungsbetriebe, 27(1):18–20, Februar 1997.

[War94]   WARENTEST, STIFTUNG: *Telefonbanking: Der neue Service kann teuer werden*. Finanztest, (06):24–28, November/Dezember 1994.

[Web96]   WEBER, LUKAS: *Eigener Entwurf der Länder zur Regelung von Multimedia*. FAZ, 20. März 1996.

[Wei94]   WEISS, D.: *Workflow-Systeme sollten eher Assistenten als Polizisten sein*. Computerwoche, 21(22):15–18, 1994.

[Wil97]   WILDE, MICHAEL: *Mitfahrgelegenheit: Internet setzt Telefongesellschaften unter Druck*. In: *c't Magazin für Computertechnik* [ct997], Seiten 214–218.

[WK96]   WEISS, DIETMAR und HELMUT KRCMAR: *Workflow-Management: Herkunft und Klassifikation*. Wirtschaftsinformatik, 38(5):503–513, Oktober 1996. URL http://www.wiwi.uni-marburg.de/wi/archiv/summ965.htm#weiss.

[Wor96a]   WORKFLOW MANAGEMENT COALITION: *Terminology & glossary*. Specification TC00-1011 Issue 2.0, Workflow Management Coalition, Avenue Marcel Thiry 204, 1200 Brussels, Belgium, June 1996. URL ftp://ftp.aiai.ed.ac.uk/pub/projects/WfMC/glossary/glossary.pdf.

[Wör96b]   WÖRNER, GERALD: *Die Markteintrittsbarrieren sinken*. Frankfurter Allgemeine Zeitung, 06. Februar 1996.

[ZDS96]   ZIEGERT, THOMAS, NORBERT DIEHL und ALEXANDER SCHILL: *Mobile IP: Überblick und Systemvergleich*. PIK – Praxis der Informationsverarbeitung und Kommunikation, 19(1):12–23, 1996.

[Zhe97]   ZHENG, KE: *Designing workflow processes in meteor₂ workflow management system*. Master's thesis, University of Georgia, Athens, Georgia, 1997. URL http://lsdis.cs.uga.edu/~zheng/thesis/thesis.ps.gz.

[Zin94]   ZINK, PROF. DR. A.: *2010: Bausteinlösungen gefragt.* Versicherungskauf-
          mann, Seiten 12–19, Dezember 1994.

[ZM97]   ZIVADINOVIC, DUSAN und JENS MASSMANN: *Geschultert: Internet trägt Fa-
          xdokumente ans Ziel.* In: *c't Magazin für Computertechnik* [ct997], Seiten
          226–230.

Diplom.de

Wissensquellen gewinnbringend nutzen

Qualität, Praxisrelevanz und Aktualität zeichnen unsere Studien aus. Wir bieten Ihnen im Auftrag unserer Autorinnen und Autoren Wirtschafts- studien und wissenschaftliche Abschlussarbeiten – Dissertationen, Diplomarbeiten, Magisterarbeiten, Staatsexamensarbeiten und Studien- arbeiten zum Kauf. Sie wurden an deutschen Universitäten, Fachhoch- schulen, Akademien oder vergleichbaren Institutionen der Europäischen Union geschrieben. Der Notendurchschnitt liegt bei 1,5.

Wettbewerbsvorteile verschaffen – Vergleichen Sie den Preis unserer Studien mit den Honoraren externer Berater. Um dieses Wissen selbst zusammenzutragen, müssten Sie viel Zeit und Geld aufbringen.

http://www.diplom.de bietet Ihnen unser vollständiges Lieferprogramm mit mehreren tausend Studien im Internet. Neben dem Online-Katalog und der Online-Suchmaschine für Ihre Recherche steht Ihnen auch eine Online- Bestellfunktion zur Verfügung. Inhaltliche Zusammenfassungen und Inhaltsverzeichnisse zu jeder Studie sind im Internet einsehbar.

Individueller Service – Gerne senden wir Ihnen auch unseren Papier- katalog zu. Bitte fordern Sie Ihr individuelles Exemplar bei uns an. Für Fragen, Anregungen und individuelle Anfragen stehen wir Ihnen gerne zur Verfügung. Wir freuen uns auf eine gute Zusammenarbeit.

Ihr Team der Diplomarbeiten Agentur

Diplomica GmbH
Hermannstal 119k
22119 Hamburg

Fon: 040 / 655 99 20
Fax: 040 / 655 99 222

agentur@diplom.de
www.diplom.de

www.ingramcontent.com/pod-product-compliance
Lightning Source LLC
La Vergne TN
LVHW092332060326
832902LV00008B/601